营销法则

卖产品就是卖服务

张杰 著

中华工商联合出版社

图书在版编目（CIP）数据

卖产品就是卖服务 / 张杰著 . —北京：中华工商
联合出版社，2020. 10
ISBN 978 - 7 - 5158 - 2823 - 7

Ⅰ. ①卖… Ⅱ. ①张… Ⅲ. ①销售 - 方法 Ⅳ.
①F713. 3

中国版本图书馆 CIP 数据核字（2020）第 152852 号

卖产品就是卖服务

作　　者：张　杰
出 品 人：刘　刚
责任编辑：胡小英
封面设计：子　时
版式设计：北京东方视点数据技术有限公司
责任审读：李　征
责任印制：陈德松
出版发行：中华工商联合出版社有限责任公司
印　　刷：盛大（天津）印刷有限公司
版　　次：2020 年 10 月第 1 版
印　　次：2024 年 1 月第 3 次印刷
开　　本：710mm×1020mm　1/16
字　　数：148 千字
印　　张：14. 25
书　　号：ISBN 978 - 7 - 5158 - 2823 - 7
定　　价：68. 00 元

服务热线：010 - 58301130 - 0（前台）
销售热线：010 - 58302977（网店部）
　　　　　010 - 58302166（门店部）
　　　　　010 - 58302837（馆配部、新媒体部）
　　　　　010 - 58302813（团购部）
地址邮编：北京市西城区西环广场 A 座
　　　　　19 - 20 层，100044
http：//www. chgslcbs. cn
投稿热线：010 - 58302907（总编室）
投稿邮箱：1621239583@ qq. com

工商联版图书

版权所有　侵权必究

凡本社图书出现印装质量问
题，请与印务部联系。

联系电话：010 - 58302915

序 1

你在销售产品，更是在销售服务

时代的节奏在加快，没有人会在一款产品上投入太多的耐心。或许顾客并不知道自己正在等待的产品是何种形状，那么你为顾客提供什么样的信息通道就会引导他们走向何种消费之旅。从顾客看到产品图片的那一刻起，公司的服务攻势就已经展开。

请注意，服务不再只意味着做产品的简单售后。一款产品在产生创意想法之前就已经被服务引导了最终的方向。

谈到对"服务"一词的理解，你也许会回答，服务是为顾客提供高质量的产品、提供耐心的售前售后咨询指导。不！这是最老套的说辞。服务不是为产品诞生的，更不是销售产品时的附赠品。服务应该是销售的一部分，应该与产品本身享有同等的地位。

产品+服务=销售，这将是一个真理。让我们从头说起。

在产品设计之前，先要调研市场的消费倾向，这是服务；生产之初要考虑如何在新科技应用和用户体验间找到平衡点，这是服务；上市前要仔细衡量成本和销售之间的价格差，以保证产品的售价符合顾客的心理价位，这是服务；产品销售时思考如何以最大效果展示给潜在顾客，这是服务；出现质量问题时要在第一时间帮助顾客解决难题，这是服务。

从设计到生产，从销售到售后，所有的产品链都要以顾客为中心，但凡与顾客挂钩的内容都应该属于服务体系，甚至包括产品本身。

纵观国内外的各大品牌，无一不在服务上大做文章。因为只有服务好顾客，才能让他们更痛快地购买。服务的目的最终还是为了销售，不论是概念先行还是以智取胜，不能满足顾客心理预期的服务最终都会被市场淘汰。

一项好的服务，需要告知顾客三点内容：

第一，你在卖什么？

第二，你卖的东西为什么比别人家好？说简单点就是，顾客为什么要掏钱买你的东西，而不买别人的？

第三，当消费行为产生后，你用什么和顾客建立长期的信任关系？

虽然每个人对这三个问题的答案各不相同，有一点却是万变不离其宗的。任何销售的最终目标都是顾客，只有服务才是沟通销售者和顾客间的桥梁。你在销售产品的时候其实更是在销售服务，有时甚至产品本身都是为顾客服务而诞生的。服务意识一旦在经营中出现缺位，必定导致买卖双方一损俱损、两败俱伤。

在市场交易中，顾客不仅希望买到优质的产品，而且希望得到更优质的服务。为顾客提供优质的销售服务体系，将成为每一个商家的天职，只有更优质的服务才能换得更优秀的销售业绩。"上帝"金库的大门向谁打开，决定权在自己手中。

服务究竟是什么?

没有任何一个商家会承认自己不懂服务，但某些商家整日在做的事情却不像工商管理课上讲得那么单纯且磊落。某些商家和企业为了节省开支，会不断缩减服务项目，减少一切和产品有关的附加值。其实这样做不但会严重伤害顾客情感，更会损伤企业自身的长期利益。从某种程度上讲，企业的生死存亡，全系于服务之上。

服务究竟是什么，它是否真有神奇的效用？它或许比你想象得要简单很多，但把它做到实处却又需要步步为营。

在经营界有这样一句话：三流企业做产品，二流企业做策划，一流企业做理念。其实不论是产品、策划还是理念，最终都离不开"服务"两个字。世上不存在任何单纯性的销售，只有为顾客着想的服务才是真正为商家获利的营生。

要做好服务，需要奠定三要素。

第一要素：所有的服务都需要以"人"为本。

在一个完整的销售交易中，最起码存在两方面的"人"，销售者和购买者。服务不是商家单纯为顾客提供便利，不是附加在产品之上的无条件付出，而应该把其看成投资的赌注。你提供的服务条件越好，也就越可能使顾客产生购买行为。一旦交易达成，顾客享受到的是产品的价值，商家得到的是现实的收益。这就是两全的结果。

因此，在认知"服务"的时候首先必须明白服务是双向的，是一件为商家和顾客同时提供合理价值的事情。虽然商家是作为服务的提供者出现，但其同时也是自身所提供服务的最大受益者之一。

台湾1111人力银行总经理王孝慈曾说过一句话："服务力是顾客关系维护及人脉培植的成功之道。"任何一家企业的运营目的都是为了获利。如果把这个目的再推进一层，就是：只有提供让顾客满意的产品，以及提供舒适的购买和使用产品的过程，才是一家企业得以持续发展的原动力。

服务好"人"，才能服务好你所追求的利润价值。

第二要素：所有的服务都需要以"诚"为本。

汽车推销大师乔·吉拉德提出过著名的"250定律"。他认为，每一个准顾客的背后都站着250个和他关系亲密的人，这些人可能是他的亲人、朋友、同事、邻居等。所有这250个人都将因为这位顾客享受到的购买行为而成为潜在顾客，或者因这位顾客不满意的购物行动而全部背离一个品牌。

这不是危言耸听的多米诺骨牌效应。

在为顾客提供服务的时候，首要一点是诚心以待。企业之所以会主动提供更好的服务，固然有着众人皆知的利益目的，但所有的利益都应建立在"诚"字上。要知道，顾客一次不愉快的购物经验就可能推翻一家企业十年来辛苦建立的所有形象。诚心做服务，归根结底还是在为企业自身树碑立传。

所以，"销售大王"乔·吉拉德得出来的成功销售结论是：在任何情况下，都不要得罪任何一个顾客。只有做到"你为人人"，才有可能实现"人人为你"的美好愿景。

第三要素：所有的服务都需要以"恒"为本。

任何产品都具有一定的生命周期，但服务却是无限的，甚至是能穿越多款产品的生命历程的。一家企业想走多远，其所提供的服务就必须要有多恒久。

从企业诞生的那一刻起，服务的理念就应运而生了。你能提供的服务如何，代表着你的商品价值如何。服务是产品中不可或缺的一部分，一旦中途缺失，所有的"以人为本"和"以诚为本"都会变成招揽顾客的假幌子，最终会把一场完美的销售引入欺骗的行当。

从"人"到"诚"，再到"恒"，你会发现其中存在一条隐形的定律。做好服务的这三点要素，重点在于"诚"，"人"因有"诚"而让服务有了感情；"恒"因有"诚"而让服务有了动力。服务不是管理者的PPT教条，只要按照这三要素去做，顾客自会告诉你经营之路该如何走。

CONTENTS

目 录

◆ 第三章 ◆
服务不等于钱的交易

━◆ 第四章 ◆━
优质服务需要这样做

━◆ 第五章 ◆━
服务更像是一场大冒险

—◆ 第六章 ◆—

好服务，你做的远远不够！

—➤ 第七章 ◀—
课堂之外的好服务

—➤ 第八章 ◀—
成功在服务之外

—► 结　语 ◄—
做好"250年的服务"计划书

第一章

不赚钱，
为什么还要提供服务

如果服务是"免费"的

学着和顾客做朋友

懂服务，才更懂经营哲学

不卖产品，只贩卖"事前期待"

一场不对等的游戏

>> 链接·八个降低身段的服务技巧

好服务是最有力的营销

如果服务是"免费"的

日本有一家三城眼镜专卖连锁店，这家公司的总部设在日本兵库县姬路市，但他们的业务却从西到东横跨了整个日本。其实，该公司的第一家店铺最初的生意状况并不好，是什么经营策略让一家小小的眼镜店能摆脱困境并发展成连锁企业呢？

三城眼镜的成功得益于他们曾成立了一个"穿梭国际·幻想俱乐部"的顾客组织。当初为了改善公司的经营状况，领导层决定进行改革，并在1975年时提出了一套"顾客至上"的方案。该方案的首要原则是"认真听取每一位顾客的意见，总结经验，吸取教训，不断改进工作"。同时，三城眼镜借助于市场调查和服务人员的帮助，将购买本公司眼镜的所有顾客都吸纳为俱乐部的会员，定期举办形式多样的免费活动。随着会员数目逐渐增多，公司上层发现对这些会员进行免费服务可以大大提高公司眼镜的口碑和宣传度，从而大幅度降低新顾客对本公司的不信任度，由此就可以在很大程度上避免潜在的销售危机。

从三城眼镜成功的经验可以看出，免费的服务是推动销售的最有效法宝之一。

尽管所有的经商者都明白，为顾客提供任何形态的服务都必须是有价值且是有回报的，否则就会造成人力、物力、财力的浪费，但却永远不能以商品的价值来给服务制定价格。甚至更多时候往往还需要提供足够多的超额服务，才会换来销售上的回报。

也就是说，你可以兜售任何商品，但永远都无法兜售服务。

服务并不是无形的、看不见的东西，而是一种生产和消费同时进行的特殊商品。任何一个商家都不需要库存服务，但其消费的指标却要比真实销售的商品更加复杂。

在销售行业中存在这样一条等式：销售价格=批发价格+技术费用。

销售价格即顾客与商家最终成交的价格，这其中包含等式后面两者的总和，即我们通常所提到的毛利润。批发价格是商家或者厂家进货的最低产品单价。而技术费用所包含的内容，是除了产品本身的价值价格外，商家因为想要从产品上获利而添加进去的所有附加费用。毫无意外地，服务的价值也被包含在内。

这是一条对商家和顾客都极有用的等式。

顾客在购买商品的时候，可以借此等式明白商家并没有赚黑心钱，多出来的技术费用属于正常添加，自己花出去的每一分钱都是有充分依据的。而商家在此公式的帮助下可以把所有的经济利润定义清楚。一旦充分执行此公式，就会在顾客和商家之间形成彼此信赖的关系，比花大价钱做广告更能够俘获顾客的心。其实，不论是消费还是销售，除了基本的物质满足外，人们更侧重的是消费给自己带来的"心安"——在可掌控的前提下，每个人都会倾向于更安全的消费。对消费者而言，在花钱这件事上冒险往往是非常不明智的选择，而免费，对自己的钱包来说无疑是最安全的。

天底下没有人不喜欢"免费"。服务的价值恰恰是无形的，你对顾客越"恭维"，也就越能得他们的心。所有人都知道，即便只是提供一杯免费的白开水也有可能换来无形的价值增长。免费的服务可以做，但换不来回报的免费行动却是浪费。

在一般的促销行为中，只要能够提供热情的招待、打折、免费赠送等小手段，顾客就会很欢迎。但要记住，顾客是善变的！他们会主动趋利避害而选择可以提供更好服务的商家。一旦可以成功地使消费者把消费目光转移到自身身上，所有"免费"的服务都有了价值。

这恰恰也说明，即便是"免费"，也不能给予质量太低的服务水平。虽然服务的品质不是靠数字来定义的，但服务仍有好坏之分，也是可以影响到后续销售的关键。即便企业或者商家在为顾客提供服务的过程中发现了不足，并及时做出了修正，也同样会因小失误而造成大影响。

服务好不好，透露出来的是商家对顾客的态度如何，销售态度才是能否制胜的关键因素。尽管提供是"免费"的，服务之心却永远都不能打折。

学着和顾客做朋友

丽思·卡尔顿酒店是一家在短短二十年间改变世界酒店业版图的企业，其成功的秘诀正是在于服务。

丽思·卡尔顿于1983年诞生于美国亚特兰大，它是美国人在安排会议和假期时最喜欢的酒店之一。在日本大阪，丽思·卡尔顿甚至是奢华生活的代名词。

但丽思·卡尔顿的终极目标却并不是要成为一家拥有完美餐饮的住宿酒店，而是想让酒店成为新生活形态的代名词。丽思·卡尔顿酒店有一项内部要求，即每个员工都应该去"款待宾客"，言外之意是要员工以更为贴心、亲切且诚挚的招待方式为顾客提供超越一般水准的服务。这也是丽思·卡尔顿酒店能够始终被所有顾客赞赏的原因所在。

丽思·卡尔顿酒店的成功，离不开三项法宝。

热诚，是丽思·卡尔顿酒店制胜的第一法宝。再豪华的酒店装饰、再高明的服务技巧也只能够让顾客觉得舒服，却并不足以实现"贴心"。如果服务本身缺乏热诚，如果无法把热诚深入到服务的每一个细枝末节中，那就证明你是在把服务当作产品的附加，如此提供的服务反倒更像是画蛇添足。

热诚，着重在于提供服务者本身。服务是需要通过员工的热情来表达的，需要让顾客感受到企业和商家的"心意"与"精神"。也正因为此，丽思·卡尔顿才要求每一个员工都必须秉持"款待"顾客的服务理念。在这里，顾客不是高高在上需要敬而远之的上帝，而是用真情实感维系的亲人和朋友。

既然对顾客如此，对内部员工更应有过人之处。丽思·卡尔顿酒店得以制胜的第二件法宝，是将每一位员工都当成是"内部顾客"，以对待顾客的标准来对待身边的所有人，真正把服务的理念深入到日常的工作生活中，把服务变成每一个人的行为习惯。

丽思·卡尔顿酒店的每位员工在提供服务的时候都要先考虑三个问题：

1. 究竟如何做才能感动顾客？

2. 在怎样的职场环境中工作，才能让自己更愿意去为他人的需求提供便利，甚至要去满足顾客还没有说出口的潜在心愿？

3. 是否可以做到在为他人提供便利的同时，又能让作为服务提供者的自己乐在其中呢？

　　这三个问题既一脉相承，又可以从后向前推导。服务的最终目的必定是带动销售，但顾客要的绝不仅仅是需要购买。服务应该是一门需要向顾客学习的学问，只有研读顾客，才能从他们身上发现自我产品和服务的不足，是顾客教会了所有售卖者如何谈一场扬长避短的生意。

　　真正的服务一定会保持着感性的工作形式，需要每一个员工都能够及时发现顾客发出的蛛丝马迹的消息动向。要想成为一个好的销售者，首先要成为值得顾客信任并且顾客愿意去信任的人；要想成为一个好的服务者，必定要先成为值得顾客尊敬的人。当销售已经不仅仅限定在产品本身，任何一个推介人员都可以且必须担负起服务的职责，因此就需要每个人都秉持其"永远替顾客着想"的服务理念来做销售，并把这种理念变成习惯、变成自己的人格特质。只有时时处处都站在顾客立场上思考问题的商家、以顾客利益为优先考虑的商家，才会获得顾客的好评，最终促进销售形成。

　　因而，丽思·卡尔顿酒店的第三件法宝就是，永远都要成为值得顾客尊敬的人。

　　虽然提供服务者最终是为了销售，但服务的本质却不只是为了赚钱。赚不到钱却还要提供优质服务，看似矛盾的背后的秘密在于，服务是一条维系商家和顾客关系的纽带，而这条纽带其实很不牢靠，它需要依靠某种动力才可以持久性地维系，那就是"心"。

　　服务没有秘诀，唯一的要素便是商家的真诚之"心"。

懂服务，才更懂经营哲学

当下社会是服务当道的时代。因为工业化生产可以随时被代替，只有提供好服务才是独一无二的行销出路。

提供赢得顾客认同的好服务并不容易。懂得如何服务，是一种经营哲学。

服务要用"心"，用心典型的表现就是以"诚"为本。

哪怕只是生产软饮料，可口可乐也会把饮料瓶设计成更容易握在手中的形态；同样是乘坐公交车，懂得服务的乘务员在报站时会把站点周边的卖场、旅游景点、学校、医院等名称播报出来。这些都是超越了产品和工作本职之外的"服务"，也是吸引顾客的贴心手段。提供服务不只是让顾客感到便利和舒适，更要得到顾客发自内心深处的认同。

眼中只看到金钱光芒的服务提供者，在"生产"服务的过程中免不了偷工减料，最终让自己彻底变成名不符实的无良商家。失去了诚信，企业自然就失去了经营的立足之地。

成功的服务并没有什么特殊的秘诀，多一点贴心，体现出自己的真诚之意，通过简单的人际互动把服务的心意传递给被服务者，这是"用心服务"和"用钱服务"的基本区别。

所有和售卖有关的行业都可以粗略地划归成服务业。顾客之所以产生购买行为，多半出于对商家所提供的服务感到满意且信任。美国最大的有线电视公司TEL公司有线电视部门总裁比尔·J.布里斯南常说的一句话是："我们是做服务业生意的。"不论从事什么行业，其实每个人所从事的工种归根结底都是在为他人提供便利，为他人服务。正是因为具备了服务他人的意识，才能做到"我为人人，人人为我"。这是服务产生的根本，也是服务的最终走向。

要做到这一点，需要每个人都从自我开始，由内而外地产生服务意识，真正做到"服务由心开始"。

要想做成好生意，必须有好的服务。良好的服务意识是每一个去提供服务的人员应该发自内心的服务本能和习惯使然。这种本能要通过职业培养而塑造出的一种外在形象和表现力。对服务意识和服务能力的培养往往可以使商家在短时间内聚集起大量人气，服务带来的经济回报很快就会近在眼前。

服务他人理应成为习惯使然，这是成就完美服务的第一步。当致力于提供服务时，也就不会因为得不到顾客的回报而懊恼。真心的服务在于付出，不是回报。

爱默生说过："每一个人会因为他的付出而获得相对的报酬。"服务的黄金法则是：你想要他人怎么对待你，你就要如何对待别人。所有的服务者都需要记住一句话：任何一份私下的努力都将会得到双倍的回报，并且会在公众场合表现出来。"种瓜得瓜，种豆得豆"，你在为顾客提供服务，实则也是在给自己种植未来。

永远不要把自己当成是只为利益奔波的商人，而要把自己看成是一个最好的服务提供者。只有如此，才能把服务顾客看作一种经营哲学。你要做的远不止提供服务，但任何形式的售卖都是以服务为前提的。明白其中的玄妙关系，才能真正明白服务存在的缘由。

为顾客提供优质服务，其实更像一种平台展示。商家借助于服务展示自我，顾客借助于服务观察产品的可信度。在服务他人的时候，彼此双方也都在寻找适合自身的利益结合点。服务需要由心开始，为他人提供便利只是形式和表现，能为商家本身带来更好的销售才是最终目的。全心为他人，才能更好地为自己。

只有一颗真诚的心才能融化所有的隔阂，才能让销售行为成为双方的利好。

不卖产品，只贩卖"事前期待"

一家日本酒店里曾经发生过这样一件事：某次服务员进房间打扫时发现顾客使用的枕头中部有折痕，常年的服务经验告诉他，这是酒店所提供的枕头不适合顾客所需求的高度，顾客对折枕头使其更高造成的。尽管服务员并没有接收到总台的命令，顾客也没有提出额外要求，但服务员却自行给该顾客床上多放了一个枕头。正是因为服务员这一小小的举动，这位顾客此后只要到这个城市出差必定选择这间酒店住宿。

这个服务员做的事情其实本是分内事，但因为它超出了顾客的预期，所以才会在服务上赢得一筹。服务的好坏往往界定于顾客的"事前期待"和"事后评价"之间，两者的吻合程度决定着服务质量和品牌忠诚度之间的关系。

当事前期待高于事后评价，就说明顾客对已有的服务项目其实并不满意，商家还有不足之处需要改进，顾客也可能因为不满的情绪对商家失去信任，这是非常糟糕甚至十分危险的结果。

如果事前期待和事后评价具有高吻合度，就说明商家提供的服务可以达到顾客的期待值，只是满足了顾客的基本需求。但在激烈的市场竞争中，平庸的服务水平很难给人留下深刻印象。不进则退是时代的法则。如果商家无法提供区别化的服务，换来的终将只是"还不错"的中庸评价。

真正的好服务一定是评价超过期待值的。这不但说明顾客对商家很认可，甚至还能表达出顾客对自己的花费感觉物有所值，他会顺理成章地成为一位忠诚的回头客。

评价一种服务的好坏，就是顾客根据自身享受到的服务对"事前期待"和"事后评价"去做比较。那么，如何才能让实际提供的服务水平远超过顾客的事前期待呢？

其实，并不是只有超越了顾客的期待才能算是好服务。提升服务质量必定需要增加成本投入，这是很多商家都不愿意看到的事情。差异化战略才是通向好评的康庄大道。让自己贩卖的服务和顾客想象得到的场景之间存在差异化，始终给顾客以惊喜，以"新、奇、特"的概念作为服务的主旨和形式，走差别化战略的路线，往往可以出奇制胜。

差异化战略，重点往往在于顾客的主要目标之外。如去银行办理业务，人人都不想排队等号但又必须排队，假如在等待的过程中有冷气、有开水、有资讯等内容可以随时免费提供，顾客就不会因为等待而感到烦躁，更不会把莫名的烦躁转移到去质疑银行工作人员的办公能力上。

服务在本质上可以分为两种：一种是业务能力，这是服务的核心。不论是商家销售的产品，还是提供的业务内容，这是满足顾客前来消费的基本需求点。此项内容如果不能达到"事前期待"，那就证明该项服务是残缺的，在吸引顾客消费能力有所缺失。任何商家要想和顾客建立供求关系，这一点是最基本的需求。

在满足这一前提下，服务的另一个方面要侧重于让顾客如何更好地享受商家所提供的"业务"。尤其是在所有同行从业者的业务能力相差无几的前提下，究竟如何把握非业务时间的服务才是决定输赢的关键。如看急诊时总要历经漫长且煎熬的等待，这时患者首先会无意识地否定医生的医疗能力。尽管尚没有实质了解医生的业务水平，但正是因为患者的事前期待没有得到满足，所以即便顾客之后可以享受到优质服务也一定会严重影响到事后评价。

贩卖顾客的"事前期待"，等于是在钻研客户的判断和想法。知道顾客想得到什么是销售的秘密武器。把自己看作是正在提出需求的顾客，问问自己，服务究竟是在为顾客提供什么。这是所有服务的出发原点。

一场不对等的游戏

现代人越来越喜欢网络购物，也就更少地体会到卖场销售人员服务的贴心。服务不是销售，而是一种感动人心的魅力。真正给人带来感动的服务不是网络上的虚拟体验，其重点在于服务的提供者和尊享者都是活生生的人。我们不是为了购物而购物，而是希望在彼此交流的过程中带来感情上的慰藉。良好的服务不仅仅只是为了销售产品，更要给体验者带来对品牌的认知和真实触感。以前的电脑商城和手机卖场正在逐渐转变为品牌体验店，它们侧重的不是销售，而是服务和感知。

换句话说，服务的目的，便是要引发顾客的感动之情。

客服场所，是很能引发人心感动的地方。一个服务人员的言语和行为举止，代表的不仅仅是产品的销售人员，更是品牌的形象。任何一位走进卖场的顾客，在需要得到更优质商品的同时，内心深处也都期许着能得到更尊贵的享受。假若服务人员此时可以表现出"低姿态"，这恰恰可以满足顾客的"高贵心"。在一来一往中，实现二者的双赢。

顾客会感动，不是因为许多的服务技巧，而是因为服务回归到了本质的人际关系上，回归到人的本性上。只有人与人之间的互通，才可以产生服务和被服务的角色转化，才会产生对服务是否满意的追问。

每个人在不同的空间和人际关系中都扮演着不同的角色。在家中你或许是父亲，需要为全家人服务；在公司你是老板，享受着所有员工为自己分解忧愁的待遇，同时也要为登门的顾客提供便利。在最普遍的人际关系中，因为每个人所处的位置和分工不同，就会有服务和被服务的差别，会产生不对等性。当把这一情况放大到服务和销售行业时，因为地位的不对等就会有优势地位和劣势地位的区分。

通常情况下，处于优势地位的人群更容易对劣势地位人群的努力和付出而心生感动。实际上，我们每天所能接触到的感动方式非常多，但只有人与人之间的真心接触所形成的感情互动才可以撼动心底的神经。感动的触发和被感动者的处境之间有非常密切的联系，优秀的销售者必定会提前洞察顾客的感动点，所以才能及时提供优质服务，为彼此打造出更好的人际关系。

服务是基于陌生人际关系上产生的感动。熟人之间的人际往来靠的是交情，陌生人之间的人际关系通常需要靠金钱，这更证实了服务一样是一种销售策略的经营理念。所谓优质服务，是指顾客在花钱的同时更希望享受到如同熟人之间的情感联络。只有打动顾客的心，他才会消费更多。

熟人之间情感的恭维往往需要借助彼此之间身份的不对等来实现。感动是优势者对劣势者产生的感情，所以对"劣势者"服务人员来讲，要特别强调服务的"低姿态"。只有设法抬高顾客的优势地位，在服务时主动降低自身的服务姿态，给顾客以优势地位，才会更容易让服务感动人心。

把顾客提高到优势地位，目的是让顾客产生感动并顺利达成交易。顾客会因为服务者的谦卑、周到、温和等低姿态的服务方式而对产品品牌产生更多好感度。这是培养回头客的前提，也利于促进口碑营销。

例如在以青少年为主要消费人群的麦当劳和肯德基等快餐店中，尽管麦当劳和肯德基的主要目标对象是在家中并不具备话语权的孩童，但所有的服务人员都会尽量以低姿态的方式来满足顾客的需要，甚至不厌其烦地为其进行多种零食和套餐的搭配。这么做的目的只有一个——打动顾客的心。只有付出真诚，才会让顾客享受到"尊贵"的满意，也才更乐意上门光顾。

一般说来，不论是何种消费场所，在越高档的空间中便更会要求服务人员采取低姿态服务。只有当服务者放低了自身的姿态，才会在对比中凸显出客人受尊重的感觉。资金不够富足的人往往不会去高档场所消费，是因为当他们要面对比自己的姿态还要高傲的服务人员时，往往会产生无所适从的感知，感动更是无从谈起。

买卖是一场不对等的游戏，服务本身就已经决定了二者间的不对等，服务的好坏决定着这架不对等的天平最终会倾斜于哪一边。

>> 链接

八个降低身段的服务技巧

现代商场之所以能吸引到顾客前来消费，多是靠优质的服务来为顾客提供"心理优势"。购物者在购买商品的同时更是购买店家的服务，并且还会在不经意间享受到了优势立场，因此也就更容易获得内心上的感动或者慰藉。毕竟消费只是为了生存所须，在购买和使用产品的过程中所体验到的服务却是难忘的。

要想为顾客提供更好的服务水准，必定要满足其特殊的心理需求，以此来提升他们购物时的心理优势。降低身段，并不是要让服务提供者自降身份来迎合顾客的喜好，卑微和谦卑只有一字之别，所引发的服务态度却千差万别。那么，如果想要提升顾客的优势地位，究竟该怎么做？

在人与人的沟通上，肢体和语言是两个最重要的沟通要素。语言上的技巧很多人都会，唯独在肢体动作上才可以体现出更深处的服务潜意识。在接待顾客时，商家所能提供的服务难免会和顾客所提出的要求有区别。为了提升顾客的优势地位，此时必须要求服务人员以低姿态动作来化解彼此间的矛盾。

常用的低姿态动作主要分为以下几种：

第一种，做模棱两可的动作。

在回答顾客的提问时，答案越不明确就越可能得到对方的反感。但如果你所提供的产品或服务和顾客的初衷相背离，为了尊重顾客本身的意愿，在不冒犯顾客的前提下，模棱两可的指示动作是可以成功转移对方注意力的有效方式之一。

没有人想被拒绝，顾客只是需要一种更加合理的引导。

第二种，做可以分散话题的动作。

很多情况下顾客并不知道自己要什么。如去手机体验店选择手机，多数顾客会问到的问题是"这款手机的像素是多少""屏幕有多大""生产时间是什么时候""商品售价是多少"，但真正关系到手机运行的数据参数却少有人提及。服务人员要做的是帮助前来选购的顾客做横向和纵向的对比，不要把顾客的问题限定在具体的答案上。当服务者不局限于目的时，反而可以增加与顾客之间话题的广度和深度，同时也不会因为与同行竞争而产生排他心理，服务者所提供的服务也就更容易成为顾客心中的好标榜。

第三种，多做协调性动作。

所谓协调性动作，即对对方的意见和建议表示赞同，这样做可以在第一时间让顾客产生好感。在多做协调性动作的基础上，还可以提出更多更好的解决方案，主动帮助顾客进一步解决实际难题。

第四种，谦恭的动作更容易受到青睐。

纵然服务的背后动因依旧是销售，但服务的表层目的却是让顾客获得最直接的满意度。好的服务永远都不会把销售的意图表露出来，不让顾客感到有强迫推销的意味。这是降低顾客戒备心的最有效手段。一旦产生信任，便为感动的升华提供了温床。

第五种，对顾客的提问做出即刻回应。

服务是否热情，首要体现在服务者能否第一时间接收到顾客提出的疑问。回应时间的长短直接关系到顾客对服务的好感度。

但服务业中还有一个潜规则：当顾客并没有提出任何要求的时候，所有的服务人员最佳的做法是退避一旁，不要去打扰顾客。如在超市选购化妆品，很多情况下顾客只是想一个人安安静静地看产品说明，而不是去听推销人员的喋喋不休。"即刻回应"只发生在顾客提出问题的瞬间，不要做越俎代庖之事，这是服务和推销的本质区别。

第六种，尽量不要凸显自己，保持低调服务。

这并不是消极的服务策略，而是以尊重顾客为基本的前提条件。适当撤回自己的意见，实则是给顾客留下了更多的思考空间。以退为进，是放低服务姿态的高明之举。在服务这件事情上，需要把选择权永远都留给你的"上帝"。

第七种，静静等待进一步的"指示"。

静静等待顾客的指示性提问，可以让你的服务在接下来的回答中更具有针对性，能有效避免顾左右而言他的尴尬，会给顾客留下足够专业的印象。毕竟，再高端的服务也都需要"印象分"。

第八种，提供"额外"服务。

在一般情况下，店员或者工作人员若能够为顾客提供特别的待遇，顾客必定会因此而心生感动。尤其是当服务人员做出一些自己职责之外的事情来帮助顾客，这种额外的收获会给服务加分许多。

所谓低姿态，很多时候只是需要在服务中多一份心，把顾客当家人，便会使得服务更容易被接受，且让销售最终变成一场顺理成章的交易。做好以上八个方面，可以有效地降低服务的身段，使顾客能更好地体验到服务的贴心和感动之处。

要尽量杜绝高姿态的服务动作，以免在服务人员和被服务者之间形成不恰当的人际关系，并由此而严重影响到产品销售，甚至是品牌形象。这些动作包括：

1. 指示或者命令顾客去做什么。

2. 过分夸大产品的功效，服务缺乏足够的真诚度，让人感觉产品假大空。

3. 过分在顾客面前强调自我的主张，不尊重对方的意愿和选择。

4. 过于热情，甚至习惯于往前贴近顾客。当彼此间的安全距离一旦消失，积极的服务也将会变得令人讨厌。

5. 消极服务。在面对顾客的提问时，一动也不动的反应会拒人于千里之外。更有甚者，还会做出下巴轻微移动的动作来简单地应对顾客的提问，这样做不但显得不礼貌，更是一种轻蔑的表示。

在服务中有效杜绝高姿态的动作，可以把服务推向新的高度。

好服务是最有力的营销

　　所有销售都是以服务为前导的，尤其是对于提供服务为主营业务的企业，如酒店、娱乐场所等，为客人提供满意的服务本身就是对自我品牌的最好宣传。让每一位前来消费的顾客都能得到满意正是最有力的品牌营销。

　　一个简单的微笑、一句礼貌的问候都有可能让顾客感受到莫大的安慰。甚至正是因为服务者对这些细节之处的在意，才让更多的新顾客成为回头客。要实现这一目标，需要公司中从上至下的每一位员工都注意自己在服务过程中的一举一动，任何一人的微小瑕疵都有可能影响到公司的品牌形象。

　　可以说，每位员工的具体服务方式都将成为决定整个企业的服务品质。不论是新顾客还是回头客，都会因为这一因素而影响到日后是否还需要光顾此地。尤其是对于正处于观望期间的潜在顾客而言，来自于已消费人群的评价至关重要。

服务可以影响整个营销行为，最初始的表现便是广告宣传的无孔不入。

在产品开发市场以及俘虏新顾客的阶段，打广告是必不可少的营销行为。在正常情况下，潜在顾客在看到具有诱惑力的广告内容后会对品牌产生一定认知度，并由此产生消费的欲望。但每个人的潜意识中都希望自己能得到高品质的服务。冲动的感性消费所带来的第一感觉往往会决定之后理性的消费选择。好的服务在给客人留下好印象、好口碑的同时，也会把顾客变成移动宣传平台。比起商家自说自话的广告宣传，消费过的顾客的评价和感受才是更具有说服力的参考对象。

因此，好服务不应仅是对已经走进店内的准顾客提供尊享，更是对潜在顾客的有力出击。优秀的销售不会只满足于已有的顾客群体，只有不断去拓展新的顾客群体，才有可能让自己在竞争激烈的市场上站稳脚跟。

归根结底，不论公司或企业的销售内容是什么，努力提高自身的服务理念和服务能力都应成为经营的基本方针。通过自身高质量的服务，让每一位顾客都能满意而归，由此才可能带来第二次、第三次乃至于第N次的消费。当这些已消费的顾客开始自发口碑宣传时，商家只需要通过提升自身的工作质量就足以获得较多的活体广告，并由此迎来销售额度的持续增长。

尤其是对于单纯以服务为主营产品的企业而言，把每一次服务都提升到至高水准是值得企业终生奋斗的目标。服务不像日常用品可以先试后买，顾客必须一次性付清服务的费用后才可以享受到服务本身的内容。一旦在这个过程中产生任何让顾客不满意的地方，即商家所提供的服务和顾客的心理预期不相符，顾客会因为对自己购买到的服务不满意而开始不信任这家公司。而商家因为服务不到位造成的某次损失极有可能波及更广大的消费群体范围。

要判断所提供服务质量的好坏，只需要去观察、研究顾客的反应。如果服务过关，自然会被更多顾客所接受；如果所提供的服务质量很差，再多、再好的广告宣传都只会起到适得其反的效果。顾客评价服务好不好时，只会看重自己得到的结果是不是物有所值。顾客对服务所保持的期待值往往来自于前期的广告宣传以及其他顾客的口碑评价。因此在服务上永远没有"最好的目的"，只有为顾客不断提供更高水准服务的行动。

第二章

服务
是关于人的艺术

每个人都需要心灵慰藉

创造顾客，创造需求

宣传卖八分，服务要十分

标准麦当劳生产出了什么？

让顾客服务于自己

空白意见簿告诉我们什么？

保证服务"被看见"

每个人都需要心灵慰藉

在日本有一家旅店，坐落在较为偏远的风景区，平时游客不多，常来住宿的都是一些回头客，客人每次都会带朋友来，所以旅馆的生意一直不错。在营销学上，这是典型的靠口碑宣传而取胜的案例。那么是什么原因让人们可以自发口碑宣传这家旅馆呢？

旅馆内的设施有些简陋，但客人所需要的用具也算齐全。客服人员的服务虽然并不是特别周到，但在客人提出问题时总有人主动前来解答。旅馆的老板规定，员工虽然有工作职责上的区分，但在面对客人时，不论什么时间，也不论自己的本职工作是什么，都有义务及时为客人解决难题。对所有人来说，唯一的本职工作是服务于客人，而不是打扫卫生、清洗、后厨等具体事项。

当旅行团的大巴车要开走时，旅馆老板会带着所有的服务人员站在门前列队相送，每个人都要表达平安的祝福，并喊出"希望您下次再来"的口号。大巴车要翻过一座山才能到高速路，当经过山顶时，依旧可以远远看见旅馆的工作人员仍站在原地挥手祝福——因为老板早已经派专人侦察过路线，确保哪怕只有一个客人回头看，也要让他看到旅馆工作人员的依依不舍之情。

正是借助于这样特殊的服务，这所小旅馆成为这个偏僻风景区的最大亮点。

旅馆的服务理想在于为顾客提供具有感动价值的服务。他们为客人提供额外的、非自我工作职责内和非工作时间的服务，这也是降低服务姿态的典型表现。站在门口欢送游客让远道出行的客人感受到了家的温暖。旅馆在提供感动性服务的同时，恰当地寻找到了顾客最需求的心灵慰藉。

因为好的服务一定是顾客内心深处最需要的情感寄托。

既然服务讲究的是人与人之间的情感维系，优秀的服务者就必须具备观察并预知这一情感寄托点的能力，并通过服务的形式表现出来。以该旅馆的服务为例，当车行走到山顶时，就算客人没有留意到旅馆服务人员的特别用心，但他们依旧坚持做出挥手相送的动作。相较于具体的服务过程和项目，这种对服务理想的坚持更容易让人深受感动。

因此，顾客评判一项服务的好坏时往往会取决于服务提供者坚守的服务准则是什么。况且，坚持本身便足以让人感动，哪怕你所提供的仅仅只是触动心灵的小感动。服务是否优秀、能否触动顾客的心灵，归根到底在于服务者的基本态度。无须刻意引起顾客的注意，服务者所应该专注的是服务本身，而非人为地选择值得服务的顾客。对所有人都始终如一，是源于心底的真正的服务态度。

向他人低下头来，对普通人来说是很难做到的动作，但对于服务者来说却是职业所必需。在卖场中，服务人员对顾客恭敬有加，通常会被看做是理所应当。若如销售经理等职位高的人也能做到如此服务，则会给顾客带来截然不同的感受。即便是同一个人，对顾客致以微微点头与深达90度的鞠躬，给顾客带来的服务体验也将会完全不同。

服务源于态度，表现却在于形式。游客之所以在景区的小旅馆可以感受到服务的优质性，在于他们从基本的客服人员到旅店的老板身上，全都能感知到具有明显表现型的服务方式。当顾客体验到足够真诚的服务方式并且在家人和朋友面前得到更好的尊重时，他们对服务的评价也将偏向于更好的认知。

服务，是在满足顾客心理上的慰藉，所以需要服务者时刻留意顾客的需求。在为之提供服务项目的同时，从耐心的态度到谦恭的行为，每一项都需要做到极致且彻底。这是服务真正用心的体现，也是感动对方的基本出发点和最终归属点。即便遇到的是一面之缘的顾客，也可以凭借基于心底最本真的服务而让其对店面和产品留下好印象。

请记住，服务者所能提供的服务如何正是留给顾客的最直观的广告形式。这是先于一切产品功能的品牌游说。毕竟，只有顾客肯开口说"好"，才有可能引发下一步的经营之道。

>> 链接

从马斯洛理论到顾客需求

每个人都是有需求的，区别在于各人因为身份地位及经济条件的限制，所需求的内容不尽相同，因此不同的顾客会提出不一样的需求层次。商家只有找对顾客的需求层次，才能让每一次提供的服务都有的放矢。

需求层次理论是研究人的需要结构的一种理论，最早由美国心理学家马斯洛提出。马斯洛于1943年出版了《人类动机的理论》一书，书中首次提出需要层次论，并把这一结论的构成归结为三个如金字塔般递增的因素。

首先，每个人都需要基本的"生存条件"，这也是决定一个人行为的根本。人类只有存在尚未被满足的需要，才会因此而影响到之后的行为方式。那些已经得到了满足的需求并不能充当激励的工具和动机。

在面对顾客的时候，服务者最需要明白一点，就是知道顾客究竟需要什么。服务者应该带着这个问题去研究顾客哪些方面的需求还没有得到满足。有选择、有针对性地进行服务，比盲目地、按照既定规程提供服务的方式更有效率。主动为顾客尚未得到满足的方面提供服务，比等待对方提出要求后才行动更能感动人心。

其次，即便是存在需求，不同的人在不同的时间所需求的内容也是分等级的。从最基本的衣食住行，到在工作和社会中实现自我价值，再到希望得到他人的尊重而产生心理满足感，所有的需求都会按照重要程度和层次性进行排序。优秀的服务人员一定会在第一时间去解决对方最急需的问题。胡子眉毛一把抓的服务一定是不走心的。做服务要记住一点：永远优先满足顾客的第一需求。

再次，每个人都会无限度地产生需求，但需求并不是盲目妄想出来的要求，而是某一级别的需求得到了最低限度的满足后，才会去追求更高一级的需要。不同层级的需求是逐级上升的。在马斯洛的理论中，他又把这一不同层级的需要划分为五个由低到高的等级：

第一个层次是基本的生理需要。人类想要生存就离不开衣食住行，这是基本的生理需要。

以人为服务对象的商家不论面对何种顾客，首先要满足的就是顾客这方面的基本需求，这就要求商家所提供的商品必须质量过硬，符合或者超出顾客的心理预期，商家才可以在这一层需求上拿到满意分。这是顾客需求最明确的地方，同时也是决定着商家是否可以赢得顾客青睐的基本要素。若产品质量不过关，再好的服务也无济于事。

服务需要以诚信为本，诚信是以不断档的合作为基本表现的。这就引出人们在满足生理需求后的第二个层次的需求，即安全的需求。

企业希望和其他企业的合作可以平稳长久，人们在日常琐碎的生活中也总是希望可以老有所养、病有所医，自己的人身和财产安全可以得到有效保障。这是基本的安全需求，也是所有的服务都需要达到的基本目标之一。顾客花钱购买的是心理上的慰藉和看得见、摸得到的舒适与安全，基于这些要求，售后保障部门必须做到、做好及时、专业及热情的服务。商家和顾客之间的交易并不只是产生在付款的一瞬间，而是从客服人员与顾客交谈的第一秒钟就已经开始，一直延续到产品的生命末期。

单独销售一类商品只能叫作售卖。串联销售一个品牌才是营销，这也是商家要提供长期服务的缘由所在。

马斯洛理论提到的第三层次的需求即社交的需求，就是顾客实现自我并得到尊重和满足的需求。身为社会人，每个人都需要有归属感，因此就需要有一份正常的社交活动，商家与顾客之间产生的任何形式的服务都属于社交活动的范畴。

在日常生活中，人们经常需要处理亲情、友情和爱情这三种感情，不论把哪一种感情看作重心，实则都是在给自己的情感寻找寄托，寻找一种心灵归宿感。人类是具有社会属性的，没有人可以脱离与他人的交往而单独存在。前来消费的顾客也会保持着对归属感的需求。

作为销售方，在提供商品和服务的时候，首先需要加强与顾客的沟通联系。只有彼此间建立起感情的基础，才能牢固合作上的关系。这是服务走心的典型表现。

第四层需求是对尊重的需求。能够产生此种需求的人们多是希望他人能接受并认可他们的形象和行为，这也是服务所需要达到的最直接目的。通过优质服务最终实现了商品的销售后，顾客会对有品质保证的商品所能带来的生活便利感产生自我尊重的资本。这是通过服务实现顾客自我价值的实例。

当顾客和商家之间达成了相互尊重的前提后，也就更容易促进对方实现各自的需求。实现自我需求是马斯洛理论中最高级的一层需求，是人们在满足了生理、安全、社交和尊重四层需求后，进一步地去寻找生活中的乐趣或者提升自己所提出的需求层次。满足顾客这一层面的需求，给许多培训机构、娱乐场所等专门售卖服务的行业提供了生存的土壤。

人的需求是从低层到高层层层递进的，既然有需求产生，就需要提供服务，所以服务的方式也是从低层到高层逐级转变的。满足的顾客的需求层次越高，供需双方之间的合作基础就越牢固。不论是面对何种层次的需求，服务的本质永远不会变。只有找到服务的需求层次点，才能真正把服务做到顾客心中。

创造顾客，创造需求

以顾客为本，最根本的出发点必定是以顾客的需求为基准。每一位顾客都是一个单独的个人，他们的需求各不相同，即便是购买同款产品，相同的服务形式也不能应用于所有人。因为商家会把销售的内容看成同质的产品，只有顾客本人才会去精挑细选。形形色色的附加在商品之上的感情色彩，才是分辨服务好坏的最终且唯一的标准。

在现实中，很多顾客其实并不知道自己要什么，尤其是在面对新款产品以及新型服务时，顾客所掌握到的信息仅限于商家提前透露出来的内容，此时只有商家能决定顾客会产生什么样的需求。关注以下几个要素，商家就可以创造客户并创造需求：

第一，顾客最先关注到的永远都是广告宣传，只有通过广告的途径，顾客才能大概了解到产品的新功能、服务的新内容，这是致使顾客产生相应需求的第一阶段。此时商家放出的信息量越大，顾客对需求的认知也就越明显，因此也就会更容易达到增加需求概率的目的。聪明的经营哲学是，永远都只给对方你想告诉他的信息，而不是无限制地满足顾客的未知。所以很多手机生产厂商会保持每年一次的新品发布，甚至在发布会之前你只能通过蛛丝马迹去捕捉有关新品的点滴信息。让顾客时刻保持着足够的"饥饿感"，会让简单的服务变成贴心的私人定制。

第二，顾客必定会从销售或者服务人员的推介来直观感受自我对需求的认知，这就要求每一个销售和服务人员懂得如何去根据不同的顾客群体灵活地调整服务策略，根据具体情况的变化而变化。顾客此时产生的第一认知，对之后是否会产生消费行为有非常直接的影响。

也有人会因此认定，不论广告宣传还是人员推介都是商家自己在"王婆卖瓜"，因此这类人会更侧重于去倾听已经产生消费行为的人群的意见。对于还处于观望阶段的潜在顾客群体而言，那些准顾客口中说出的评价会更有吸引力，这就是影响顾客究竟会产生何种消费需求的第三个要素。在倾听了他人的意见后，新顾客会在消费时主动扬长避短，这对商家所提供的服务提出了更高的要求。正如著名的"木桶原理"，决定一只木桶可以装多少水的是最短的那块木板，没有人会注意到长木板的优势所在。营销，亦如是。

影响顾客产生特殊消费需求的最后一个要素，是其过往的消费经验。不论是个人喜好，还是曾经吃亏上当，每一个社会人都会以各种各样的角色参与到社会经济活动中，因此就会产生千差万别的消费历史。基于自身的经验，在面对一种未知的消费方式时，几乎所有人都在潜意识中会采取偏于保守的消费方式。他们更愿意花钱去购买自己设想出来的商品和服务，也会因此形成更高的期待值或是产生特殊的消费趣味。

更有甚者，顾客会强烈希望商家提供某种特殊方式的服务来满足自我心理期待。一个成熟卖家的成功之处在于其总是善于去观察顾客表达出来的需求，尽量避免顾客在消费过程中因某些不如意之处而失去心理上的基本平衡。当过多的偏差出现，顾客就会刻意去在意自己究竟有哪些期望没有被实现，并毫无意识地忽略掉产品和服务的真实质量，对商家来说这是自己不愿意看到的结果。

只有消费结果超出顾客自身对需求的认知，才会使之产生物超所值的消费感受。企业所提供的服务，要全面渗透到广告宣传，现场推销和服务、舆论评价以及消费体验四个方面，真正做到把握好顾客产生消费需求的每一个环节，甚至需要暗示顾客应该产生何种需求，由此才能保证每次提供的服务都在合情合理的范围内。

影响顾客产生何种需求的不是纷繁复杂的信息流，而是躲在这一切背后的服务提供者。只有人，才能决定人的需求。

宣传卖八分，服务要十分

有家信息服务公司里有三名工作人员，三个人刚入职的时候，手中的客户量一直呈飙升态势，甚至盖过了公司其他所有人客户量的总和。但这样的态势只维持了一年。一年后，三人的客户纷纷流失，甚至导致公司的整体业绩出现大幅下滑。

经理根据三人的业绩及对一些客户的回访，做了分析，这才发现原因。原来，三人刚入职时为了招揽顾客，大肆鼓吹公司的服务范围。不论客户提出什么要求三人都满口答应。这样的工作方式在短时间内得到了客户的青睐，然而合同签下后许诺给客户的内容有很多是无法实现的，客户们碍于合同的限制敢怒不敢言。等到合约期满，客户心中堆积的不满情绪彻底爆发，纷纷终止合作。

但事情并没有到此结束。这三个人手中流失的客人在社会上给该公司造成了非常大的负面舆论，整个公司都因此产生了信誉危机。

该公司果真是因为服务不好而流失客户的吗？答案是否定的，只因为少数人在宣传期采用了不恰当的方式，给客户造成了超出现实的期待。一旦这些期待不能得到满足，再好的服务也会被降格。

服务和销售都是在与人打交道，实行过程中并没有数字化的标准，因为人是充满不稳定性和不确定性的。让客户对服务充满期待和惊喜的宣传方式必定要给顾客以物超所值的收获。一个企业最终的目的是要盈利，招揽多少客户量并不能代表利润的水准，能留下多少顾客才能证明利益产出的多寡。营销不是一次性的买卖，如果没有细水长流，最终只会演变成不齿的笑话。任何企业提供服务的时候都要让客户和保持新鲜感，只有在新鲜感的诱惑下，顾客才会更进一步地去探究深层次的服务。

因此为了保持服务的新鲜感，在前期做宣传的时候商家通常只会用八分力。这不是要发扬谦虚谨慎的美德，而是符合经营实际的做法。

任何企业或商家都无法自己保证提供的服务是尽善尽美的，无法保证产品和服务一定会毫无瑕疵地符合最初的承诺。做八分的宣传，留出二分的余地是在预防意外事件，以便必要时还有回旋的余地。相反，如果宣传做满十分甚至出现过度宣传的情况，那么对意外的处理稍有不当就会严重影响顾客对企业的信任度。

服务是基于人的营销，其对象和提供者都是以人为基本条件，这就决定了无法保证每个服务者在任何时间都可以为服务对象提供尽善尽美的服务。因而，在宣传工作上留有余地是给服务保留更自由的空间。

要知道，真正能够为公司赢得客源的永远都是服务的质量，而非宣传。宣传的基本出发点是，商家永远都存在更优秀的后续服务水准。好的宣传一定是根据服务的具体能力去界定力度的。宣传的任务只不过是要引发潜在顾客的兴趣点，具体能够做到哪些应该留给真正的服务去解决。

　　服务追求的是顾客的满意度。在服务的评判标准中没有最好，只有更好。商家要想以服务制胜，必须保持每一个工作环节的实际情况都要超出顾客的期待值。过分宣传并不能提高顾客对产品的信任度，而只是揠苗助长的行为。合理的宣传会供给顾客更多、更合理的选择，而非诱导消费。记住，永远不要替顾客做决定，他们需要的是亲身感受。

　　从反面讲，服务更不能因此而偷工减料，留有余地的服务是不尽心的表现。顾客感动的不一定非要是五星级的奢侈，而是希望看到服务人员能够全心为自己的便利着想。人是感情动物，其对享受到的服务也要有感情上的评判。服务能否拿到十分，在于服务者是否把顾客当成"人"来看待，而非看作等待被宰割的金钱替代品。

标准麦当劳生产出了什么？

试想一下，在你经常光顾的理发店中，每次都是同一位店员来为你剪同样的发型。一旦某一天店员换了，你有多大的概率会选择换一家理发店？

很多时候人们总是喜欢看到自己习以为常的东西。对于服务来说，只有合乎顾客消费习惯的服务才能称之为好服务。

但顾客千差万别，服务如何做到随机应变呢？

可以说服务是为了销售，也可以说服务本身就是一种商品，但凡以销售为目的的经营，就一定存在着品质的风险。顾客身份不同，喜好也纷繁复杂，但服务者心中必须有自我界定的服务标准，才不会因为不同的人而导致服务水准上的差异。服务本身具有以人为基准的特殊性。人是最不稳定的要素，想要约束人的不稳定性，让服务者更大程度地发挥出工作的潜力，就必须为每个从事服务业的员工制定严格的服务标准。服务，同样需要标准化。

标准化，往往是界定服务最低水准的底线，是服务者写给自身的工作及格分。

走进麦当劳快餐店，你会发现顾客手中同种汉堡的大小是一样的。麦当劳对其销售的汉堡有一套非常严格的标准，其认为顾客最喜爱的汉堡的厚度以17厘米为宜，因此麦当劳售出的汉堡为17厘米厚，其中包括10厘米厚的面包片和7厘米厚的夹层。在制作时，即便汉堡的厚度仅超过1毫米也属于不合格产品。麦当劳标准化制作的目的只有一个：让所有前来购买的顾客都能够吃到口感最合适的汉堡。

不仅如此，麦当劳内部还制定了更多近乎苛刻的标准。如所有的服务人员都要隔十分钟洗一次手，每次的洗手时间不能少于30秒。正是在这些高标准的要求下，麦当劳才能为每一位顾客提供统一标准的服务，也使麦当劳品牌在全世界形成了同一认知。

品牌的力量诞生于标准化服务之始。

服务是对人的服务，怎样才能使人这一要素的最大潜能充分发挥出来呢？来看一家日本银行的事例。

和平银行在日本原是一家知名度非常高的银行，但基于多种原因，和平银行的存款业绩一直处于非常低的水准。出乎所有人意料的是，和平银行最终被与其旗鼓相当的住友银行吞并。更令人意外的是，被吞并后的和平银行在职能设置以及业务范畴上并没有明显变化，但存款业绩量却开始飙升。

专门调查机构对其进行了内部调查后发现，影响和平银行业绩的原因竟然在于一本小小的银行内部手册。其实和平银行内部手册早已存在，被住友银行接手后，新发给员工的手册中把很多问题细化且具体化了。借助于一本细致入微的服务标准手册，被住友银行收购后的和平银行打出了一个漂亮的翻身仗。

当然，企业经营的成与败并不在于内部手册上的精细与粗简，而在于手册给所有工作人员指明了服务的方向和标准。标准越高，其所能提供的服务也就越好。服务的标准不是具体化的数字，而是企业经营管理中的哲学，是避免被最低服务水平拖累的避险措施。

按标准服务也许不能让服务水准达到最优秀，却一定可以避免出现最差的意外。

再优秀的员工如果日复一日地做重复的工作也必定会感到厌烦。给服务制定一个适合全公司去执行的标准，往往可以帮助员工激发出更多潜力去克服困难。

以人来做服务，以标准来引导人，是逐步提升服务水准的关键。

让顾客服务于自己

随着市场竞争日益激烈，产品更新换代的速度也越来越快，一家企业想要生存发展下去，就必须跟上时代的步伐，不断推出新产品。没有经过任何市场验证的新产品能否得到顾客的青睐，往往决定着企业未来的成败。市场为企业留下了试错的机会，一旦满足不了顾客的期待，再新的产品也只能压箱底。

新产品开发出来，市场是否愿意接受，以及可以接受到何种程度，是生产研发部门无法决定的。此时就需要强有力的营销部门来给顾客灌输对新概念和新产品的欲望与需求，有能力的营销部门不会坐等顾客上门后才提供讲解等服务内容，而会主动出击，根据产品所面临的具体情况和市场动向做出恰当反应，以激发出顾客尚且没有意识到的自身服务需求。

主动服务的目的在于让顾客更好地发现自己的需要，从而主动释放出意向性的信号。有经验的营销人员会在第一时间接收到这些信号并转达给研发群体，从而尽最大可能避免新产品上市后会遇到的种种问题。

随着市场经济形势的变化，商家和顾客不再是简单的你买我卖的经济关系。想要提供好服务，想要以服务来感动顾客的心，就必须把彼此之间的关系对等看待。服务是感性的行为，只有顾客自己才能明确表达出自身的感受。当顾客亲身参与到服务行为中去时，对服务体系中的旧观念会造成革命性的冲击。

通常情况下，可以把服务进行三种不同类型的区分：

第一种为大众型服务，这也是日常生活中最易被接触到的服务形式。这一服务类型主要是针对大众所共有的需求而提供服务或产品设计。大众型服务虽然可以满足大多数人的基本需求，但在个性化和专业性上会稍欠缺。提供此种服务的机构一般会通过多种手段来研究顾客所需求服务的平均类型和水准。在此基础上，商家可以最大限度地规避商业风险。但对顾客来说，自己能选择的空间却非常有限。

如手机生产厂商要确保生产出来的每一部手机都可以进行简单的通话，这是为了满足大众的基本需求。而各个品牌的手机又有自己区别于其他品牌的独特之处，这些地方可能只有该品牌的忠实粉丝会喜欢。如此特殊定制则属于第二种服务类型——个别型服务。

个别型服务的最大特点是，主动邀请顾客参与到服务提供的过程中，以顾客自身的意见和预期为最高的服务标准，力求全面满足顾客提出来的要求。此种服务类型多见于行业信息咨询、美容、家政等以服务本身为销售内容的行业。

在大众型服务中，顾客不可能参与到服务产生的过程中，所以该类型的服务总会缺失个人化的特殊需求。长此下去，企业所提供的产品和服务也必将会偏离顾客的真正需求，最终导致客源逐渐流失。在个别型服务中，尽管服务方式紧密贴合顾客的需求，且是以私有化的服务形式表现出来，这虽然可以得到顾客的高满意度，却并不具有普及推广性。因为每个顾客需要的服务内容不同，针对每个不同的顾客提供特殊服务势必在无形中增加服务成本。

如果在广告公司工作，经常会看到设计员与顾客一起设计方案，最后得出来的结果可能是设计人员与顾客意见的综合体。这就是典型的介于大众型和个别型之间的服务类型，可称之为调整型。即能满足企业对客源的扩充，同时在让顾客产生参与感的同时，也会因为是自己亲手缔造的服务或产品而有意识地让差评现象缺位。一旦实现顾客的高满意度，企业也将获得更好的发展。

顾客在参与到服务的过程中，如果服务者不能及时理解顾客对需求的表达，再多的努力也将是徒劳。毕竟，并不是每个人都对自身的需求有非常明确的答案，而时间往往又不允许存有磨合期。想要避免此类情况，就需要做到以下几点：

第一，任何服务者要从接待顾客开始做起。当见到顾客的第一面，就必须弄清楚他来的目的以及需要服务人员做什么。

第二，若想要为顾客提供定制服务，就要站在顾客的立场上去思考其需求，以顾客的视角来看待其对客服人员的期待，由此才能更准确地做好自己的本职工作。

第三，不论何时都要和顾客保持紧密沟通。面对一些顾客可能产生犹豫的情况时要及时和顾客商讨来制定方案，在接下来的执行过程中要严格遵照方案行使。所有的讨论和调整都应该在事前，一旦达成服务协议就要快、准、稳地执行，由此才可以在服务力和营销力之间画上等号。

当你不明白顾客的需求是怎样的时候，激发顾客的表达并使其参与到创造服务中，也是企业做好服务的一大明智之举。

空白意见簿告诉我们什么?

很多服务类场所中经常能看到有一本顾客意见簿,显然这是供前来消费的顾客留下他们的意见和建议的本子。商家希望知道自身存在的服务上的不足,也希望顾客主动参与到调研和改进服务的行动中。但现实的情况却和商家预期的相反,这样一本意见簿往往成了摆设,空空的页面似乎永远都等不到真正有用的意见。即便人们在消费过程中存在不满意的地方,也少有人会在意见簿上留下自己真实的想法。

顾客真的对所享受的服务没有一点儿改进的意见?很显然,答案是否定的。是什么原因导致顾客不愿把自己的意见直接告诉商家呢?

消费心理学认为,人们外出消费是期望花钱买顺心,没有人会主动去找麻烦。即使在接受服务的过程中有些许不满甚至产生了不良情绪,在事情得到适当解决后,顾客也往往只会在心中暗下决定,"下次再也不到这里来了""这真是一次糟糕的消费过程",而不会为改善自己的消费体验与商家不依不饶,一争高下。况且没人可以保证自己在意见簿上留下的字迹一定会被商家看到且重视。顾客在负气离开后，可能会把不良印象传播到朋友圈内，却并不会通过意见簿告知给商家，这种情形对商家造成的负面影响也许会是致命的。

服务的提供者首先需要思考的一点是：如何才能得到服务效果的真实反馈，一旦出现服务缺位的情况时，如何做才能在第一时间打消顾客的不满情绪。

在考虑这几个问题之前，提供服务的商家需要知道，最根本之处还是在于要去不断提高自身的服务品质。一个企业或商家，要想提高自身的服务水准，必须做好以下三方面的工作：

第一，制定严格的服务标准，要最大限度避免出现服务质量名不符实的情况。具体的服务标准可以限制并规范服务人员的工作水准，并且使得企业始终保持统一的服务水准和服务形象，在最大限度满足顾客对服务的需求的同时，还可以保证企业品牌形象的认知度。

第二，在保证符合标准的服务质量的前提下，要不断努力去提高服务质量的绝对水准，由此可以保证在与同行业的竞争中始终处于优势地位。这是不断吸引新老顾客光顾本店的一件利器，但对服务提供者本身的要求也会非常高。在企业或商家内部，需要建立起一套行之有效的激励机制和监督机制，可以在督促服务人员提升服务水准的同时，更可以及时发现经营中出现的任何不足和问题，并且得到及时修正。最重要的是，要勇于挖掘顾客更深层次的需求，或做到"差别化服务"。只有和别人不一样，才可能成功吸引顾客的眼球。

但这样做有时也会给服务埋下风险。有些企业在追求利润增长点的同时，不惜放弃服务的延续理念。某些品牌的温州皮鞋在出口欧洲时，以近乎倾销的白菜价迅速占领了市场，但是当顾客发现买到手的皮鞋其实只是硬纸片做的假皮鞋时，靠资本累积起来的市场便瞬间崩塌。

此时最需要的是和服务有关的应急预案。

因此，第三个问题便是，在展开所有服务之前要先做好应急预案准备。服务是人的行为，所以总是免不了会出现各种各样的差错。当服务不能令顾客满意时，为了弥补已造成的损失，往往需要应急预案来急救。一个好的应急预案可以让顾客的不满意转变为满意，最终化祸为福而留住客源。如果补救措施不能及时到位，顾客不但会对企业失去信任，甚至还会带来负面舆论的压力。

制定应急预案是未雨绸缪的考虑，也是在最大程度上把顾客因"不满"而造成的损失降到最低程度。

二战结束后，日本制造业曾历经过一场变革，很多生产厂家都在企业内部设立了质量管理体系，通过监察部门、调查小组等工作组织来监督企业生产过程中可能存在的一切问题。在这种体系得到广泛认可的今天再去回顾体系确立的意义时，才会发现自我监督的意义并不在于去挑毛病，而是可以帮助企业在最短的时间内提高产品的品质。对于制造型企业来说，做好产品便等于做好服务。对单纯的服务行业来说，自我监督同样也是不能简化的发展战略。

要想化祸为福，方法是多种多样、不一而足的。当年温州鞋厂在认识到根本性的错误后，及时吸收经验教训，最终又以真品质赢得了顾客的信赖。

在顾客就是上帝的年代，始终怀有一颗敬畏、尊重并且尊享的服务心态，才有可能从本质上认知到服务的真正概念。只有态度端正，再在发生错误后及时采取一些补救措施，通常都会得到顾客的理解和支持。此时最不应该的便是敷衍了事，那样做只是火上浇油，最终将引来一场自焚。

>> 链接

化祸为福的紧急对策

一般而言，顾客在消费过程中即便是遭遇了不顺心之处，也不会给商家直接指出来。相反，他们会把抱怨深深埋在心底，做出再也不回来的决定，并在离开后倾尽全力告诉身边的人不要过来消费。服务本位的缺失，会因为某一位顾客的点面效应而使商家丢掉一大批收入来源。

商家想要健康生存，最惧怕的便是这种负面宣传。在负面舆论的压力下，企业——尤其是服务性的企业或商家，都要有勇气去应对这样的打击。

一旦出现这种情况，就需要企业做出非常及时、灵活的策略调整，采取化祸为福的紧急对策，避免可能因此而造成的无法挽回的损失。此时，有理性地分步骤去做，就有可能把这一场灾难变成最好的营销时机。

首先，要知道在进行任何赔偿谈判之前，顾客需要的一定是道歉，而且是官方的道歉。顾客花钱购买的是服务，及时的、态度端正的道歉也同样是一种行之有效的服务。公司高层领导的正式道歉更能有效复苏顾客已经失望的心。

此时的道歉需要注意两点内容：一是及时，二是真诚。

没有诚意的道歉无疑是又一次欺骗，对顾客来讲这等于是火上浇油。此时再多的补救措施都会变成敷衍了事的代名词。顾客首先会觉得自己没有得到应有的尊重。在没有端正态度指导下的一切行为，都会成为商家的圆谎行为。

其次，在顾客已经接受了道歉的前提下，一定要和顾客及时沟通，协商补救手段，尽最大的努力、在最大程度内降低顾客的损失，必要的时候还需要做出一定的经济补偿。这并不是钱多钱少的问题，而是通常情况下，经济补偿往往是最有效且唯一的利好手段。

补救措施要在最短的时间内完成，避免顾客因为赔偿问题而再起怨言。这一措施进行得越及时，顾客也就可以越早摆脱困境，其对企业的信任度也会越早恢复到初始状态。甚至还会因为补救服务做得好，一改顾客心中的怨恨，转而变成对企业的称赞。原本可能因此而造成的负面宣传，也会成为好口碑的自发传播。"自来水"的力量比任何形式的宣传都更有力度和可信度。

在已经保证了顾客的满意时，企业的紧急对策还不应该如此早地结束。在处理完整个事件后，企业内部一定要及时召开相关会议，发动所有人研究并分析之所以会出现此类事件的原因和经过，以及在日后的相关工作中应该如何更好地去处理类似情况，避免其他员工也在同一个地方跌倒。

如果有可能，企业内部应建立并完善相关的监督机制，以完善的运行系统来保证同类型事件不会再次发生。如果偶有发生，更要保证相关的赔偿以及处理机制可以有效运行，尽一切可能避免产生恶性循环。

在做好以上几点后，即便不能化祸为福，也可以把企业的名誉损失降到最低程度。在处理此类问题的时候，始终要记住"顾客是上帝"的行为准则，本着如此的认真姿态，即便偶尔出现服务不到位的情况顾客通常也会表示出理解和支持，这份难得的理解和支持是企业获得长期经济效益的保证。

保证服务"被看见"

　　服务不该是口头上的自我吹嘘，而是真真切切看得见、摸得着的有形化展示。顾客只有切身感受到商家所提供的服务带来的便利性，才会对之加以认可。摸不到的承诺，最终会沦为一场空。

　　服务的特殊性在于，其从生产和被消费的过程都是抽象的。到餐馆吃饭，通过点菜、吃饭、结账等程序，整个服务是被分散到所有环节中的，这是一项需要所有服务人员通力合作才可以完成的项目。从大堂经理、服务员到收银员，每个个人所提供的服务都会影响顾客的真实感受。服务虽然是一次性产生，但服务的目的绝对不是只做一次性的买卖，而是希望所有的顾客在享受到高品质服务的同时，更有潜力成为绝佳的自发宣传典范。所以就要求每个服务环节都必须做到尽善尽美。

　　如今，各行各业的竞争已经趋于白热化，仅仅通过传统的自我形象展示已经很难从对手手上抢夺顾客，很多人因此会把触手伸到服务的过程中。既然在最终提供的产品上很难实现差别化，那么，在产品制造的过程中就要更加人性化。让原本处于隐形状态的过程真实表露出来，就像是很多饭店实行透明化后厨一样，把做菜的过程展示给顾客看，以表明其用料的纯正和对自身品质的保证，这一有形化展示可以在无形中增加顾客的信任度，使商家在提供产品之前就已经抢占制胜的先机。

东京迪士尼乐园的常务董事北村和久在最初任职时，发现了迪士尼乐园的员工录入招聘人员的数据时存有一个不可思议的现象。按照常规来考虑，绝大多数的企业都会首先考虑受聘者的学历，之后才会把注意力放在其工作经历及工作能力上。但迪士尼的标准让人出乎意料，他们放在第一条的标准是，这位受聘者的笑容是否足够甜美，其他能力都是放在更次要的位置去考虑的。

虽然迪士尼乐园的招聘标准与其所从事的行业有一定的关联性，但这一点却也显著体现出了与服务有关的行业特征，即在服务生产的过程中要提前做到与众不同。因为笑容本身也是服务的一部分，更是无形的服务有形化展示的重要表现。

服务是特殊的商品，在产生消费之前，顾客永远无法凭主观去判定服务的质量。曾任职于哈佛商学院的教授西奥多·莱维特曾经说过这样一句话："提供较为抽象化服务的企业，就应该特别注重将所提供的服务有形化，让顾客更具体地了解服务。"毕竟，无形最终还是要依托于有形化而存在。莱维特认为，只有提高服务的质量，并尽可能地把这一努力用有形化的方式表现出来，让更多的顾客了解到服务产生的缘由和目的才有可能获得更多顾客的认可，并最终主动去选择接受这样的服务。

服务的有形化又分为两个不同的方面。

一是服务本身便存在有形物质或形式的依托，如企业的广告宣传材料等，这是顾客可以接触到的内容。此时，企业的首要目标是做好有形化的内容。同样是一份宣传材料，在字斟句酌的同时要保证可以给顾客留下较为深刻的第一印象。粗制滥造的宣传材料，只能说明商家的不上心，也就更不要去责怪顾客的走马观花，从而导致错失最好的宣传机会。

要想在有形内容上做得更好，本质上还是要站在顾客的角度去考虑问题，从全方位的角度去提供优质服务。如果没有让顾客觉得眼前一亮，顾客感知不到服务的优越性，也就说明产品和服务是令人失望的，顾客的期待值也会大幅度下降。

无形化的服务内容往往需要有形化的内容来实现增值。在同质化竞争的今天，尤其需要仔细考虑究竟还有哪些地方可以做得更加贴心。

莱维特教授曾住过一家宾馆，虽然宾馆并不知名，却在细节上赢得了莱维特教授的心。这家宾馆的清洁服务人员在整理完房间后，会在床头留下一张写有自己姓名的便条，顾客对服务有任何不满意的地方都可以拿着纸条直接找到责任人。卫生间的马桶上永远都会放着一个纸套，洗漱的杯子始终都被一次性的塑料袋包裹着，贴心的服务为这家宾馆赢来很多回头客。

无形的服务表现在有形上，通常是以服务人员的态度传导出来的。将服务方的关心、体贴、认真等优秀品质，通过与顾客切身利益有关的内容表现出来，可以使顾客更容易感受到服务的品质所在。

同一化的服务标准和形式远比差别化的服务策略往往更能起到作用。刻意制造出与对手的差异反倒容易舍本逐末。其实只要足够细心，就不难发现值得改进的地方。服务战中讲究的，不是你和别人有多少不一样之处，而在于在相同的地方你比其他人做到的优秀多少，以及有多少努力是可以被顾客看到的。

>> 链接

"看见"的服务"清单"

每一个走进化妆品专柜的女性需要购买的绝不是几千元的护肤产品，而是为了能让自己更加美丽年轻的秘诀。真实的产品不过是用完就丢掉的垃圾盒，所有消费的终极目的都是为了让容颜享受到一次高端服务。化妆品所能产生的美容功效，便是无形服务的有形化体现。

从顾客的角度来看，他们希望看到服务本身。尽管专家们对服务有过许多种不同的定义和分类方式，有一点内容是亘古不变的：商家所提供的产品种类及科技含量都会随着时代的更迭而发生改变，因此也就造成了商品都是有生命周期的，唯独附加于商品之上的服务是"从一而终"的。明智的商家一定会把无形的服务和有形的产品展示相结合，站在顾客的角度去考虑销售的问题，才能起到服务制胜的功效。

这并不等于把产品的包装做成高大上的模样就可以招揽到更多顾客，而是更加侧重于提升顾客对服务的整体印象和服务的内在质量。只有拥有让人满意的硬件设施和与之相匹配的服务项目，商品才会更具有吸引力。

在提到抽象化的服务有形化、具象化的过程时，可以按照以下清单来逐步进行：

首先，从有形的内容开始改变，如服务项目的介绍材料、项目计划书等。不论是准顾客还是潜在顾客，在接收到这些派发材料后，一般都会精心保存，甚至还会仔细研究图文内容以备日后参考。这要求企业在制作宣传材料的时候绝不能粗制滥造。试想，顾客接触到企业和产品的第一印象便是这些材料，它们就像是企业的脸面。对自己的脸面都不细心的企业，还有必要再深入了解下去吗？

其次，充分宣传产品的特殊性，使顾客在试用和使用的过程中可以最全面地体验到产品的实用性，以及与其他产品的差别性，这是事关顾客会否成为产品的忠诚顾客的关键。除了技术方面的问题，企业还应为顾客提供全方位的服务，售前、售中、售后的所有环节都要保证服务不缺位。

同时，店铺还要有鲜明的标志对顾客形成引导。这一点尤其适用于所处地形复杂的店面。没有哪位顾客愿意花费大量时间和精力寻找一个不起眼的小店。若能适当提供上门服务，就可以在很大程度上提升顾客对服务的既有印象。

所有服务中都非常重要的一点是，服务要具有先见性。即在顾客决定产生消费行为之前，企业要通过前期的资料搜集对顾客的消费方式进行分析，在消费没有产生前就已经提前预备好为该顾客"私人定制"的服务套餐。让服务诞生于消费过程之前，可笼络到更多顾客的主动消费意愿。

尽管整个时代都在强调服务的重要性，但服务从来都不是单独存在的产品，始终是附着在产品之上的非卖品，商家的根本立足点依旧是产品本身。即便是单纯的服务性行业，也要把服务的内容和服务的形式区分开来对待。服务是为销售先行的过程，切莫做舍本逐末的表面游戏，千万不要因为过分重视服务而丢了产品这项根源性的因素。

第三章

服务
不等于钱的交易

服务价格数字化

服务的价值究竟如何，是因人因时而异的，很难要求商家随时随地提供统一标准的服务。但随着标准化生产的进行以及社会竞争的日益加剧，如果不能提供更透明的服务形式和服务内容，商家将很快失去顾客的信赖。服务是一种先享受后评价的商品，能让服务水准被提前预知的唯一方式，便是给服务定价。

数字可以给所有事物以标准化，服务同样包含在内。三城眼镜一直推行的"批发价格＋技术费用"销售方式，就是把服务价格数字化的最好表现。

从顾客的立场来看，每个人都会对服务性产业中间存在的可疑之处存在担忧，这是不信任感在作祟。面对一款新的产品或服务，顾客总会存有受到欺骗的疑虑。相反，如果给服务明码标价，尽管顾客对服务同样存有怀疑，但基于已有的消费经验与消费感知，顾客会对一定价格范围内的服务水准形成固定认知。价格往往直接和质量相联系，因此三城眼镜用对服务明码标价收取技术费用的方式可以轻松跳过顾客怀疑的阶段。

值得一提的是，很多本属于服务性的企业，为了提高经济收入转而提高实体商品的价格。服务性的企业主要产品是无形的服务，本应该致力于价格所包含的无形部分，是以看得见的效果来体现无形的服务，并不是把价格转移到有形商品之上，由此就很容易造成忽视自身服务水准的现象。也正是因为此种情况大量存在，所以才会使更多顾客不断地对服务本身产生怀疑。

不公正、不合理的事情一定会得到反映，一旦有了质疑，顾客首要的决策便是不会再购买。每个人愿意付出金钱后，都希望能得到相应的回报。对一家企业来说，能否做到真正取信于顾客比暂时获得经济利润更为重要。在现代信息社会里，顾客口碑传播的广度和深度远超过商家的预期。经商的最大忌是商家放松对自己的要求，从而造成顾客大量流失。

现实存在的问题是，服务性行业很难去确定服务价格的标准。服务本身是无形的，在给这一无形产品定价时又会受到许多难以确定的因素影响，因此只能采用一种"糊涂账"的形式，以商家在提供服务中所需要的人力成本加上物资损耗为计价成本，在此基础上给出服务的基本价位。超出的部分是商家所得，同时也是顾客判断服务质量是否匹配价格的自由空间。

没有任何一个商家愿意被人称为"卖便宜货的"。一旦被标记上这个称呼，便意味着顾客对商家的产品和服务品质产生了质疑，此时最好的解决方法是提高服务价格。有种奇妙的经济学现象是，人们总是习惯性地认为"便宜没好货，好货不便宜"。这是基于既往的消费感知做出的推断。顾客对那些过于便宜的商品会不由自主地先产生怀疑，顾客总是习惯根据服务的价格来定义服务的水准，认定价格越高，品质也就会越好。价格和价值被人为地划归成等比例变化的对象。

但市场规律决定了价格永远不能离开价值本身，单纯提高价格并不是招徕顾客的最佳手段，与商品高价相关联的是服务品质的提高。

那么，现实生活中是否存在既不增加成本，同时又能够提高服务质量的方法呢？答案是肯定的。成本和服务品质并不是两个相悖的概念。服务讲究的是全面、到位以及出新，适当开动脑筋，尝试着做一些出其不意的选择，设计出新颖独到的服务内容和服务方式，就可以很轻易地扩大商家的影响力。

要提高服务，必须且首先需要关注针对每个员工的教育和培训任务。他们是组成企业的基本元素，只有他们对公司服务理念的认知与公司的整体认知相契合，双赢的美好愿望才有实现的可能。

服务需要"第三者"

在服务行业存在一个众所周知的理念：顾客产生消费行为后必须得到商家提供的服务。

其实，这样的理解存在着偏差。服务是一种非常特殊的行业，是生产和消费同时进行的消费模式，商家无法提前存储服务。在这种特性下，企业要提供好的服务，就可以有很多种不同的选择。其中最应该被放在中心位置的，是顾客在产生消费行为时所参考的"第三者"的意见。

把消费倒回到最初始的状态，在面对未知服务时，潜在顾客往往会事先听从已经产生消费行为的人群即所谓的"第三者"们的意见，并且会根据他们的意见来决定是否要亲自产生购买行为。

事实上，商家为了提高自己商品的名誉，通常会把已经产生购买行为的顾客当做是扩大影响力的重要因素。在广告营销行为越来越纷繁多样化的今天，顾客对广告的真实性往往也会存有质疑。以往被看作绝对值得信赖的"第三者"评论，也会带上注水的嫌疑，电子商务平台上经常出现的刷好评现象就是最常受到质疑的。

当"第三者"意见中加入了卖方的意见，服务就会受到严重质疑，因此更需要强调顾客对服务的"期待值"。商家要尽量使每一次的服务活动都能超出顾客的预期值，甚至让顾客产生不虚此行的感觉。这样一来，服务的好评度才有可能得到扭转，才能保证稳定的客源和销售额。

商家要想提供好的服务，必须把重心放在每一位顾客身上，让每一位顾客都能成为义务的口碑宣传员，同时还要保证给新来的顾客以足够的惊喜，由此才可能挽留下每一位客人，使之成为固定客源，再逐步增加由固定客源带来的新客源。

在客源不断增长、营业额不断扩大的前提下，随着众人口口相传，人们对商家的预期值也会逐渐升高，甚至会膨胀至完全脱离实际的地步。一旦服务的实际质量低于他们的膨胀预期，顾客马上就会产生受骗上当的感觉。此时，已产生消费行为的人们会反过来充当负面宣传员，其所起到的效果要远远大于企业苦心经营的正面形象。

所谓"前事不忘，后事之师"，顾客产生新的需求多是由服务不到位引起的。对顾客来讲，可能仅仅是错失了一次得到优良服务的机会；但对商家来说，却会因为这一次错失而造成接下来的步步皆错。

真正关系到企业生存发展的是效率问题。在服务中并不惧怕出现错误，却非常忌讳改正不及时。尽量减少服务的空置时间，尽量减少因错过最佳的服务机会而导致经济上出现损失。要想提高自身乃至于整个行业的服务生产性和消费性，就要把服务的风险降到最低。

服务中最忌讳的是一味夸大自身的服务水准。一项好的服务应该专注于如何解决不良状况，而不是不断宣传自我优势。可以说，维系住老顾客比发展新顾客更重要。

在日常营业活动中要特别留意的问题是：怎样做才能留住客源，常来的回头客究竟喜欢什么样的服务方式和服务内容？只有了解顾客本质上的需求，才可以明确接下来发展的方向。同时，为了增加对顾客的了解，需要建立起一定的顾客群量。只有在量的基础上进行研究，才有可能达到结果的精准度。

在大多数企业中，服务部门隶属于执行部门，而不是营业部门，所以在究竟提供什么样的服务才可以产生更好的经济效益的问题上，服务者和销售人员之间往往会产生认识偏差。暂且撇开经济效益不论，任何一个服务部门都应以满足顾客最低的"预期值"为基本目标，当其为顾客所提供的满足感越高，顾客产生消费行为的心理意愿也就越高，此时再去谈经济效益才有资本和基础。这一点仍然要建立在挽救老顾客的基础上。凡是离开"第三者"的服务统统可以被划归到一次性买卖的范围内，总是做一次性买卖，如何生出长久之计？

做好服务的几大原则

日本服务业的优秀成绩在世界范围内都是有目共睹的，这和二战后日本成功引进欧美新型的管理经验不无关系。战后的日本经济飞速发展，其制造业已经达到相当水准，但技术的先进并不代表就能够产生更多的经济效益。横向对比会发现，当时世界上有很多国家拥有和日本相匹敌的生产技术，却依旧抵不过"日本制造"的市场。原因何在？

服务行业有一项具有代表性的管理技术叫作IE，即生产管理。最开始IE管理技术被认为只适合应用于制造业的范围，其实服务业更适合利用IE技术来进行管理。

IE首先强调的一点是标准化生产，即企业管理者认真且彻底地研究关于生产的每项工作内容后，制定出最佳的生产方案和营销策略，以此作为全体员工的行为准则。迪士尼和麦当劳的标准化服务就是IE管理技术的最佳例证。

与传统制造业相比，服务业的标准化同样关乎着企业的前途命运。

服务是一项由人的元素组合起来的特殊商品，每个人之间都存在差异化，只有把所有的差异都抹平，以标准一致的姿态去面对顾客，才会给顾客心中留下明显影响。标准化是让服务脱离对人的依赖，进而完成服务的自发展。即便换了服务人员，企业也都要为顾客提供一致的服务水准。毕竟，服务的目的并不是为了让顾客更好地消费，而是着眼于消费所能产生的经济效益和长期利益。

在此基础上试想，究竟什么样的服务才是最得人心的服务呢？

真正的好服务是产生于无形。服务不应该是明显地讨好。如果把所有需要借助于人力才能实现的内容，都可以让顾客轻松地实现自动化，这样做可以轻松地把服务做到顾客的内心深处。因为最了解顾客的，永远都是他自己，所以在服务中引入"自动化"的原则，给顾客最大的便利和自由，恰恰是服务的高境界。

自助服务更合理地进行，需要每一个服务人员都具备专业化的服务水准，每一个服务的环节都要符合专业化的标准。以最基本的服务人员为例，"专业化"要求每个服务人员在遇到重要的工作时，可以及时地将手头的工作暂时放下，甚至要放弃身兼多职的情况，集中精力去一心一意地做好某项工作。因为只有追求"专一"，才可能在最短的时间内完成顾客的要求，才可以为企业产生良好的社会影响力。

服务终究是要建立在人的基础上的，所以一旦每个个体都可以达到专业水准，那么也就可以很轻松地实现服务的标准化和自动化了。

与此同时，商家提供服务所需要的时间应尽可能地和顾客提出服务要求的时间接近，服务的产生和被需求要实现"同期性"，即商家能够在最短的时间内提供出完全符合乃至超出顾客要求的服务。想要实现这一点，尚需要建立起一支高效、有序并且具有战斗力激情的服务团队。在所有服务人员的平均工作水准都能实现"标准化""专业化""自动化""同期化"等前提下，最终得到的团队合作效果才能实现"一加一大于二"的理想状态。

所有这些标准，既可以看做是对整个服务团队的要求，同时也更应该让工作在服务第一线的员工以之作为工作准则。

不论是服务行业还是制造行业，没有哪个细节是小事。一颗不合格的螺丝钉或许可能致使整场科学实验变成灾难。某一个服务人员因个人原因而造成服务上的缺失，或许会改变顾客对商家大概念营销行为的失败。

每个个人都是撬动市场营销的支点。也许你是大市场的运营总监，也许你只是一个看似微不足道的服务人员，只要站在品牌的前面，服务的概念就应该深入到每一个人的内心。服务是人的艺术，更是人的生存之道，服务品质最终要还原到以人为本的终极理念上。做好人，是做好服务的基本前提。

什么才是赚钱的服务?

在大众的直观印象中，商家能够提供的产品品种越多，就会被认为是占有更多的赚钱方式。但事实是。一家什么都去做的企业，往往什么都做不好。

美国有一家特别的汽车修理厂，它并不提供普通的换轮胎、汽车保养等服务，而是专门销售并维修、保养汽车上的某些特殊部件，如消音器和变压器等内部器材。按常理来讲，只要汽车的质量过关，驾驶员对这两项器材的需求量并不会太高。但出乎所有人意料的是，这家汽车修理厂的生意竟然非常不错。据修理厂的经理说，这是因为他们所提供的修理内容和普通的汽车修理厂完全不同，并且一般的汽车修理厂根本不会接受这两个部件的维修工作。所以在全美范围内，该厂在消音器和变压器修理方面成了专业的代名词，只要有司机发现汽车的这两个部位有问题，第一个想到的就是这家汽车修理厂。

其中的道理并不复杂。大型超市或卖场的净利润并不一定比专卖店高。因为其庞大，所以需要更多成本投入，反而限制了实际产出的效益。

在服务产业中有一条不成文的规定，服务领域过于宽泛并不是好现象。"万事皆通"在分工越来越细的现代社会中只会成为"不够专业"的代名词。

随着时代的进步，顾客的消费认知和消费体验也在不停改变。任何一个商家都不可能满足顾客的所有需求。完美的营销服务策略首先应该限定服务的种类和内容，然后计划如何在有限的空间中做到更为精准且完善的服务。在此基础上，对顾客的消费意愿进行有计划的引导，以更简单化的方式让消费行为变得更具有便利性和可操作性。

每个人都有到银行办事排队的经历，有时明明很简单的事情却需要漫长的排队和复杂的单据。有没有办法可以把所有的流程都简化成刷卡的形式呢？在分工更加专业化的今天，特别需要做的是把重复的工作合并化。顾客心中排在优先位置的服务期望值往往并不是服务的质量，而是效率。效率是决定质量印象的关键性因素。

怎样才能提高服务的效率呢？

服务本应该偏重于去研究服务对象的喜好、品位等，并根据得出来的数据去提供相应的服务种类。为了达到这一目的，商家需要针对每位顾客都能提供出不同的服务方针，即需要实现服务的"个性化"。

但在具体实行的过程中，"个性化"的服务往往是和企业的经济效益相背离的。众所周知，大批量地生产一件产品是最节省成本的模式，由此可以产生更好的规模效益。特定的服务往往要受消费人群种类和数量的限制，且生产成本更高。越是追求顾客的个别性，商家从中获得的经济效益也就越少。因此可以说，经营服务本身就是在和"个别性"做斗争。

乍一听这似乎是一个恶性循环，其实并非如此。

提供服务，是一项建立在人的基础上的艺术。但经营服务，最根本的出发点和落脚点还是脱离不开经济效益。不能够产生经济效益的服务是毫无意义的，为了解决服务和效益之间的矛盾，商家就有必要不断地把服务规格化、标准化。旅游业中经常出现顾客对行程不满而临时退改的现象，这既增加了旅行社的成本，又得不到顾客好评，可谓"赔了夫人又折兵"。但如果在行程开始前，事先花费一定的精力去根据顾客的特殊要求制定一个更加合理的行程，并和顾客签订相关协议以保证彼此双方的权益，上述问题便不会出现。当然，这里还有一个前提，就是在听取顾客的意见的同时，要与旅行社的实际情况相结合，才能形成有利于双方的服务方式。

综上所述，为顾客提供专业化、个性化的服务就是赚钱的服务。

你的服务本应更值钱

不论服务业还是销售业，都脱离不了价值规律而存在。投入大于产出，说明该项服务是一项不划算的赔本买卖；反之，回报大于付出时才能说服务是赚钱的。

想让服务赚钱，必然涉及成本问题。所有的服务都应做到去成本化，才可为获取利润提供最大可能。和普通的生产制造行业不同，服务的成本并不是购买某些零部件的花费，而是包括人力成本、时间成本、经营成本、培训成本，甚至要加上服务失败而造成的损耗。

当企业规模变大时，利润就会受到更多因素的影响。例如因为意外事件而产生服务的重复或者无效服务，此时只能由企业自身承担所有的付出，甚至会产生赔偿费用。新推出一项服务内容或者终止旧的服务方法，由此造成的资金投入和资源浪费都要考虑在成本范围内。这些意外因素产生的花费可以称之为"变动费用"。小企业的成本基本集中在"固定费用"上，但大企业为了能够持续提供优质服务而不得不更关注"变动费用"的数目。

在提供任何服务形式前，都必须留出一定的预算空间。用最终所吸引到顾客的实际数目除去提供各部分服务所需要的基本费用，再与最终的收入做比较，产生的差额才是该项服务能够带来的实际收益。

这项数据非常重要。在限定人数的前提下，通过对该项数据的统计，可以得知消费群体更偏好哪些服务内容，或者某项服务的主打消费人群的特性如何。不论是借用顾客来研究服务本身，还是借用服务来研究消费对象，这个计算方式都可以实现双重意义上的选择。如果调研足够精细，企业可以根据这项数据准确判断出顾客的消费喜好，并可以结合自身的实际情况，去更准确地推算出细分市场的概况。

回到营销的本质上，所有的投入其目的都是为了产出。在成本和收入相互制约的模式下，想要实现更多的经济效益只有两条路可以走——开源和节流。

开源，意味着在现有的服务方式和服务水准上，要实现利润更大化就需要为服务"增重"。

当目标市场已经被精准确定，服务需要以更新鲜的方式体现，才能和竞争对手相区别，并体现个性化。顾客也许记不住服务的具体细节，但他只要能想起你是与众不同的，便是胜利。无论什么形式的服务，追求的都是顾客更多、效益更好的终极目标。

节流，意味着要减少成本和开支，以更少的投入去换取更好的效益。

在这种情况下，要考虑到不同的服务种类所需要耗费的标准时间为多少。人力成本和材料成本等固定费用往往很难再有降低幅度，所以对于服务来说，时间便是金钱，用更少的时间去服务更多的顾客，也就等于可以赚回更多的经济效益。

此时便又一次涉及了服务的标准化问题。正是因为有了标准化，所有的服务才可以一环扣一环地衔接上，并且不会因为某项服务的停滞而连锁反应般地影响其他服务的正常进行，更不会因此影响顾客的满意度。标准化就意味着可替代性，意味着可以用机器大生产的方式批量生产服务，具体操作的人员是可以被随时替换的，所有的环节最终都是为服务的高效性提供条件。

标准化服务还催生了自动化服务。现在，越来越多的自助服务机器极大地减少了人力成本和时间成本，更大幅度减少了顾客因人工服务而常出现的不满意度。也许有人不会操作机器，但没有人会因为自己的操作失误而埋怨服务的提供者。尽量使服务简便化，推进服务的自动化进程，这是提高服务效率的好方法。

同时，自动化又反过来推进了标准化和个性化服务的形成与发展。三者之间层层递进、环环相扣，共同构成了一个可以产生更明显经济效益的服务方式。

归根结底，如何才能让服务更赚钱？答案只有一个，那就是想尽一切办法满足你的顾客，因为只有他们才是服务的最初出发点和最终落脚点。

"回头马"能产出多少效益？

万豪酒店是世界知名酒店，许多职业经理人都为能在万豪酒店得到一个办公席位而骄傲。万豪酒店每年收到的入职申请不计其数，但令人唏嘘的是，万豪酒店更愿意回聘那些曾经辞职离开公司的人。

按照一般的逻辑，某人从一家公司辞职应该是想跳槽到薪酬更好的公司。如果在其他公司发展得好，没有人愿意再回到自己原来的公司。在其他公司发展得不好，也很少有人再有脸面回来。但万豪酒店永远都会把大门向这些"回头马"打开。

辛普森是万豪酒店旗下一家大型快餐厅的经理助理，他是这家餐厅里非常优秀且屡受好评的员工，甚至被认定为极有发展前途的员工之一。但三十岁时，辛普森从万豪酒店辞职，去了一家竞争对手的公司。当时他得到的职位与万豪旗下餐厅的相同，但在薪酬上却有了更好的收入，同时辛普森也认为自己找到了一个更合适的平台。

尽管万豪的高层管理者曾和辛普森洽谈过很多次，但辛普森去意已决。在辛普森离开后，万豪旗下餐厅不得不从零开始，重新培养一名经理人来接替辛普森的工作。

几年过去后，辛普森所在的公司经营状况越来越差，他又动了回到万豪工作的念头。但辛普森并不知道自己的决定是否正确，更不知道万豪是否会再次接受自己的入职申请。在他惴惴不安的等待中，万豪给了他一份肯定的回复。后来，在辛普森几经追问下，万豪酒店的高层回答了他的疑问。他告诉辛普森，万豪永远不会把他们当初的辞呈当作对公司的侮辱，而是要把他们的回归当作公司的荣耀。只有以坦诚、友好、大度的心态来接纳这些回头的"千里马"，才会更有利于公司的发展。

毫无疑问，万豪酒店是一家以提供服务为主的公司。一个成熟的经理人对公司的服务内容及顾客的消费性格了如指掌，失去一名优秀的经理人几乎会让公司的服务一蹶不振。万豪酒店这般的知名企业不会把宝押在某一匹千里马身上。一家企业之所以能为人才提供用武之地，关键在于其所提供的服务有着严格的标准，所有人只有在充分适应了环境规则后才会有机会去发展自己的个人理想。服务永远是第一位的，产生服务是第二位的，从事提供服务的工作人员是被放在最末位考虑的。

所以万豪或任何想要以经营服务为生的企业，都会把如何做服务放在更重要的位置。但这并不等于就应该忽略人的要素。服务者是真正接触服务和顾客的关键角色，服务者的质量决定着顾客和公司的奇妙关系。提供好服务，必须有更好的人员去把控服务的呈现方式。人才流失固然是一种损失，但企业若因此"闭关锁国"，由此造成的损失将不仅仅只是人才缺乏的问题了。

　　面对去而复返的人才，企业应保持开放和包容的心态。因为他们会立足于自我特殊的工作经历，会主动地对敌我之间的服务方式做出对比，甚至可以以第三者、外来人的姿态为企业的服务指出更好的方向。

　　返聘一位可以为公司产出更好效益的"回头马"，比培养一个新人更加划算。

　　唯一的问题是，如何重新吸引并驯服这匹"回头马"？此时需要想明白两个问题：第一，他当初为什么选择离开？第二，现在又为什么想要回来？解决第一个问题，可以完善企业自身的缺陷；解决第二个问题，可以满足回头"千里马"的实际需求。当企业和员工各自的需求都得到满足，剩下的事情便是更加努力地服务于顾客了。

　　在谈论服务的时候，单纯地探讨如何去服务顾客是很片面的。在服务产生和推送的过程中，公司的内部人员是始终与服务形影不离的一群人。如何服务好这群人，是要放在探讨服务顾客前面考虑的。只有服务好产生服务的人，才能因他们的努力而为企业产生更好的"钱"景。

服务是"力"，更是"利"

美国著名的推销员乔·吉拉德说过，在任何情况下都不要得罪任何一个顾客。因为你永远不知道在这名没有得到满意服务的顾客背后，究竟站着怎样的舆论支持。假设一个推销人员在一个星期中可以见到50名顾客，其中只要出现两个对其服务不满意的人员，这两个人所造成的负面舆论甚至可以影响5000个人，让他们不再愿意和这名推销员打交道。即便那5000人从来没有接触过这名推销员，但他曾经给某一位顾客留下的坏印象足以说明更坏可能性的存在。

在面对未知时，人们更愿意选择躲避，而不是把自己变成第一个吃螃蟹的先行者。一位顾客的不愉快消费经验可能会推翻服务者苦心经营起来的所有好形象。一旦形象倒塌，商家就再难从中谋得利润空间。

服务不但是扩大企业影响力的好工具，更是帮助企业谋得更多利润的利器。在竞争如此激烈的当下，企业之间所比拼的将不仅仅是实力和品质，而是把战略要地转移到了"服务力"的范畴上。服务，已超越了为顾客提供便利的概念，转而上升到企业所必须具备的综合能力的新高度。但服务力是一把双刃剑，弄不好首先伤到的是自己。

那么，究竟什么才是服务力？

在工作间隙去饭店吃午餐，你虽然好不容易等到了一个餐位，但等坐下后才发现服务人员根本没有时间来清理干净前一位顾客留下的垃圾；去银行办理业务，虽然你已经排队很长时间了，却发现柜台背后的工作人员处理账单的速度非常慢，可他们还在热火朝天地和同事聊着八卦新闻；出门旅行搭乘飞机，眼看起飞时间就要到了，但服务人员却告知飞机晚点，并且没有告诉你飞机晚点的具体原因以及具体到达的时间……当面对这些情况时，每一位顾客都有权利得到更好的服务，但现实情况却往往事与愿违。

一项调查现实，90%以上的企业中都存在着服务不到位的情况。顾客进行消费时，在为了满足基本物质需求的同时，更希望得到一种来自内心的消费愉悦感。这是顾客之所以能对品牌产生忠诚度的关键元素，也是顾客更愿意充当起品牌义务宣传员的重要原因。企业的服务力要解决的重点在于顾客在物质和心理两个方面的需求，真正的服务力正表现在为顾客提供满意商品的过程中。

把服务的力度转化成为产生利润的空间，要求服务者不但要把服务做好，更要把服务做对。在对的时间里为对的顾客提供有差别的、个性化的服务，是对员工工作能力的极大考验。

不论对公司还是对个人来说，保持优秀的服务力，始终是使之获得更大收益的前提，并且可以使企业发展得更加壮大。

服务是生存之本，更是服务者在面对顾客时应保持的基本态度。服务态度不够端正的人，总是会把错误当成是无心的失误，但也许一个"小失误"就会造成大批量顾客的流失。美国《哈佛商业杂志》曾经发表过一份报告指出，"公司若是能够降低5%的顾客流失率，其商业利润就可以实现25%～85%的上浮空间。"

为什么仍有这么多的企业败在了服务力上呢？

很多企业都不缺乏好的理论，而是缺乏把理论变成现实的执行力度。纵然有一套完美的服务系统，但企业中很多员工都只是在做表面工作。因为与生俱来的"打工意识"，使得员工在面对工作任务时一直处于被动状态中，并且总会相互推诿问题和责任，而不是把有效的时间用于解决问题上。这样的工作态度导致企业每年都在流失顾客。

真正优质的服务，其实体现在他人眼光所不及的小细节上。对工作的苛求、对极致的追寻，是每一个想要跻身于成功人士行列的人们所秉有的共同品行。纵然产生服务行为是为了获得经济利益，但同时能够提供最优质的服务和工作成果，恰是自身价值的最好展现。大到一个行业、一家公司，小到一个员工、一个顾客，都应该抱着"要做就做最好"的态度去执行服务，才是具有竞争力的表现。只有在服务"力"上有累积、有投入，才可能见到"利"的闪光。

>> 链接

喜力啤酒瓶里的"碎渣"

喜力啤酒公司是一家世界500强企业，在几十年的发展过程中，喜力啤酒培养了一批非常忠实的顾客。谈起喜力啤酒的口感和品质，很多人都会竖起大拇指称赞。

然而，喜力啤酒也曾遭遇过一次意外的尴尬。

当时，公司对全球范围发布了一则消息，宣布要召回所有已经售出的某批啤酒。此消息一传出，舆论界一片哗然。召回已经发售出去的啤酒，就意味着产品质量有问题。随着媒体对这一消息的过度解读，人们在对喜力啤酒的品质产生怀疑的同时，消费偏好也开始逐渐转向于其竞争品牌。因为此次事件，仅在澳大利亚、瑞士、英国、中国等八大主要市场，喜力啤酒的损失就达到了天文数字。

该项召回令可能会导致这样严重的后果，难道喜力啤酒预料不到吗？其实，并不是公司的高层不知道其中的利害关系，他们之所以执着于这么做，源于公司一直坚守的服务出发点。

原来，之前有一名内部员工在喝啤酒时意外地在酒瓶中发现了一个碎玻璃渣。员工把这个消息上报给主管部门，这马上引起了相关领导的重视。他们随即对这一批啤酒做了抽样调查，确实发现了同样的问题。因为该批啤酒已经销售往全球各地，所以根本没有办法去检测到底哪一瓶啤酒中有玻璃碎渣。其实，这个问题并不会影响顾客在喝啤酒时的口感，并且玻璃碎渣也很容易被发现，所以引起人身危险的可能性也会很小。但最终，喜力啤酒的领导层依然做出了在全球市场召回已发售该批啤酒的决定。

在此消息发布之后，喜力啤酒的高层又随即发布了一条紧急通知。他们希望全球范围的顾客在购买喜力啤酒时一定要小心观察，以免在其他批次的酒瓶中也会出现此类问题。如果对此尚不放心，最好还是暂时不要购买本公司的啤酒。这一消息无异于自断生路，但喜力啤酒公司从上到下全都秉持同一个信念：不能因为一个小失误而造成更大的损失。也许在其他人看来，一个小小的玻璃碎渣并不算什么。但在喜力公司看来，正是这么一个小碎渣，才能证明公司的信誉度。顾客一旦因为这看似微不足道的失误而失去了对公司的信任，那才是最大的损失。

随着召回任务的顺利进行，喜力公司对召回的每一瓶啤酒都认真做了检测，并且在再次封箱销售时又进行了严格检查。等到喜力啤酒再一次风光上市时，出乎所有人的意料，喜力的产品竟然受到了顾客的疯抢。

事后，有相关专家对此次事件做出了评测，认定这次非常忠诚于顾客的召回事件非但没有造成顾客对喜力啤酒品质的质疑，反倒因为喜力对顾客的忠诚，更增加了顾客的信任度。

在任何营销和消费模式中，秉着为顾客利益着想的态度去服务，其收到的经济效益都绝对会比硬广告砸出来的效果要好。真正的好服务其实是实力和能力的表现，它能说明公司有实力和能力把顾客放在经营的重心点上。假如当初喜力啤酒公司不对有问题的产品进行召回，事情也许会出现另一种不同的结果。

谈到服务力，必定绕不过服务所能产生的最终效果。服务不只是商家为顾客提供产品以及消费便利，而是要通过服务的形式为商家实现更好的经济前景。因此，服务力要讲究全方位，从环境卫生、服务的速度和态度、细致度等方面去一一考究，任何一个环节的缺失都会影响顾客的信任度。

第四章

优质服务
需要这样做

做不到一百分等于零

努力去做"亏本买卖"

玩一场服务力竞争

为什么你的服务没有别人好？

顾客是最好的出发点

一则负面信息的破坏力有多大？

感动也需看"火候"

服务要做到"心"坎上

抓住人心的交流秘诀

感动，需要步步为营

做不到一百分等于零

所有顾客在消费时都喜欢体验"至高无上"的感觉，为了满足消费者的喜好，服务的首要点便是低态度。商家不只是为顾客提供他们所需要的商品，更不应该赚到钱后随便把顾客打发走。真正可以赚钱的服务考验的是服务人员的定力，即有一种不论面对多么刁钻的顾客、听到多么难听的话，都可以不失风度地为顾客提供服务的好态度。评价服务好不好，要看顾客是否满意。不因顾客的诱惑而迷失方向，也不因顾客的愤怒而乱了阵脚，能做到如此境界的服务人员，才可能提供一百分的优质服务。如果做不到一百分，顾客一旦有任何方面的不满意，通常会果断地另投他家。此时的服务只能得0分。

失去顾客对商家意味着失去经济来源。商品可以打折，服务却不能缩水。

服务好不好，不在于能提供多少服务内容，顾客在意的是商家的服务态度如何。态度的最直接提供者是人，并非商品。服务属于商品的附加值，顾客却会因为对这份附加值的感受而影响到对商品品质的态度。

美国记者凯蒂尼娜有一次到东京出差时，曾遭遇过一次意外"服务"。她当时想给自己的外甥女买一台MP4，在服务员的介绍下，凯蒂尼娜试用了样机，并且对产品的品质很满意。于是她付了款请服务员拿了同款的未开封新机，准备晚餐时给外甥女一个意外惊喜。谁知外甥女打开包装后却发现盒子里装的是一台没有装内件的空机器。凯蒂尼娜非常气愤，她觉得自己不但受到了欺骗，更因此事而在外甥女面前丢尽脸面。凯蒂尼娜一宿没睡，连夜写了一篇控诉日本商家服务的文章准备发表。谁知第二天她还没有起床时，门铃响了。凯蒂尼娜打开门后，发现昨天卖给自己MP4的服务员和一个衣着整齐的男人正站在门外。

男人自称是该商场的经理，他先向凯蒂尼娜道歉，并解释说因为工作人员的疏忽，错把没有装内件的机器卖给了凯蒂尼娜。当他们发现这个错误后，通过几十个电话才找到凯蒂尼娜的住址。所以他们一早就从公司赶来，专门为凯蒂尼娜送上一台正常的机器，并给她带来了一些自己做的蛋糕，希望能够弥补已经造成的损失。

凯蒂尼娜大受感动。她把自己昨天写的文章重新修改后，以表扬的姿态发表了出来。该消息一经刊登，这家专卖店名声大起，人们纷纷前来此店选购自己心仪的产品，店内的营销业绩更是直线上升。

其实，这家专卖店并没有为凯蒂尼娜提供什么特殊服务，也许这位外国人只是他们日常服务中遇到的非常普通的一员，这样的销售失误也可能经常出现。不普通的是，他们能够对每一个普通的顾客坚持积极服务的态度。即使这不足以弥补已经造成的问题，但因为态度端正，也能融化人们内心的质疑。

消费行为调研结果显示，顾客更愿意去自己熟知的、有好感的地方消费，也更容易对此类商家产生信任度和忠诚度。与之相反的现实问题是，有超过90%的员工都更倾向于只做表面的工作，从不会想到为顾客提供一次真正的优质服务。正是因为从来都没有把自己看作公司的主人，更没有把公司的营业收入和自己所能提供的具体服务联系起来，所以才不会去计较服务的好坏，也不会去关心客源的流失。这不但是服务者本人目光狭隘的表现，更体现出企业在管理上的疏漏，甚至是无能的体现。

精明的服务者能看出顾客其实是自己的，而不是公司的。所有服务人员每开发出一个顾客时，必定会伴随某款商品或服务的销售，服务人员本身也可以从中获得利润提成。无论以后从事什么行业，这些顾客都可能成为对自己非常有利的资源。退一步说，尽管并不是每个人都能借着人力资源的力量成长，但工作本身就应该具有"要做就做最好"的态度，这也是服务精神所在。服务人员对任何细节的疏漏，都足以说明其工作的失职。一旦如此，换不来经济效益的努力都将被打回原形。

商家不会因为丢掉一位顾客而倒闭，作为基层员工的服务者却一定会因为服务工作的不到位而丢了自己的饭碗。对任何人来说，工作时的态度是决定工作结果的前提。服务效果没有中间值，努力去做，争取自我的一百分，是做所有工作的基本要求。

努力去做"亏本买卖"

世上有没有愿意去做亏本买卖的人呢? 答案显然是否定的。

那么, 有没有人愿意做可以赚钱的亏本买卖?

有一个加油站有一天接到一个自称正在十公里外耕种的农夫的电话。农夫在电话里说, 自己的机器没有汽油了, 希望加油站可以派人给自己送50公斤汽油。接话员把这则莫名其妙的消息上报给总部, 没想到接到了总部下达的前去送汽油的命令。

任何一家加油站都没有义务去提供这样的服务, 况且该农夫也不是加油站的熟客, 加油站完全有理由拒绝这份不情之请。实际上这位农夫当时也并没有对自己的这份求助抱有太多希望。在离他五公里远的地方就有一家加油站, 农夫之前总是到这里加油, 但这家加油站恶劣的服务态度让他实在难以忍受, 更不要提汽油外送的服务了, 这根本就是不可能实现的事情。他曾听人说十公里外的加油站的服务态度一直很好, 所以只是想打电话试一试。当他真的收到了对方远道送来的汽油时，农夫因此成了这家加油站最忠实的顾客。在他的推荐下，农夫身边的亲朋好友也纷纷愿意跑远路去加油。

这是一个很简单的故事。小小的加油站因为自己的主动服务以十带百地吸引到远方的顾客前来，使得生意越来越好，原因只有一个：不能够在顾客最有需要的时候提供服务的企业一定是不值得信赖的。为顾客提供服务，不但要领先于顾客的念想，更要领先于竞争对手的行动，之后才能在服务上占领制胜先机。

抢占顾客往往需要先有付出。李嘉诚曾经说过："想取得他人的信任，首先必须要重视承诺。一经承诺之后，便要负责到底。即使中途有困难，也要坚守承诺。"这是作为一个服务人员对自我行业守则的坚持，更是能够为企业带来持续发展动力的根本。每家企业都追求效益，都希望能以好服务打动更多顾客，但若缺少对服务的坚持，一切效益都将免谈。

推广好的服务并不是要我们去做亏本买卖，而是在看似付出的基础上，要售出自己所认为的服务本源。也许因为一次的付出可能换回更多的商业价值。挫折和失败其实都无妨，真正的收效是：你花了很小的成本，却为自身的服务做了最大的宣传。

大多数企业认定的想法是，把产品的品质做好，把顾客最想要的商品卖给他们，就能顺理成章地获得经济效益。按照理想状态下的价值转换方程式来计算，这是非常正确的结果，但现实的交易并非如此简单。在你想把产品做好的同时，有更多其他人也在向着同一个方向努力。同样百分百的服务，比拼的将是究竟哪一家的服务最先能使顾客接触到。只有被感知到，存在才具有意义；服务只有被人享受到，才有创造经济效益的空间。

尽管服务讲求与众不同和细致入微，但从更根本上来说，提出服务的初衷便是要去解决顾客所遇到的一切麻烦，以最大限度满足的方式为顾客提供多种便利。拥有如此服务精神的企业，最后才能从同质化的竞争中脱颖而出。

哪家所提供的服务好，哪家的服务更容易接触，顾客就会选择那一家。面对现实时，与其被动等待顾客的选择倒不如主动出击，把选择的权利留给顾客。没有顾客是不爱精打细算的，你的"亏本"恰恰给了顾客优惠。

玩一场服务力竞争

不论经营什么，在所有企业中都存在一个共同的成功秘诀——优质的服务不论形态如何变换，始终是唯一不会被取代的传承。

想要让服务发挥功效并不难，关键在于商家能否把前来消费的每一位顾客都当成亲人看待。顾客不是需要供奉起来的上帝，而是需要服务人员去嘘寒问暖的亲人。他们更看重自己在消费过程中所感知到的消费态度和消费体验，哪一家的服务好，他们就光顾哪一家。

所以对于存在同质竞争的商家们来讲，真正的拼比并不在于产品，服务才是竞争的重点。提供能让顾客满意的服务，是竞争的重中之重。

台塑集团创始人王永庆的发家事迹是对"服务力是企业最好的竞争力"这句话的完美诠释。

王永庆初涉经营时，在他的脑海中已经存在超越同行业的经营服务理念了。他是最先开启送货上门服务的人。王永庆初入米粮行业时，正值台湾米粮业发展最蓬勃的时候，很多有生意头脑的人都看中了米粮利润大、风险小的特点而纷纷入市，导致一时间台湾街道上米粮店遍布。店面一多，原本的大市场被分割成很多不完整的小生意，各个商家所得到的利润空间就大幅度缩减了，甚至连最普通的顾客都开始对不同的销售商挑三拣四。

米粮供不应求的好日子一去不复返，原来的卖方市场一夕之间变成买方市场。为了争取更多顾客，一些米粮店甚至不计成本地展开了价格战。恶性竞争看似可以抢夺更多的市场空间，却导致了商店为寻求更多利润以次等米粮欺骗顾客的丑恶现象层出不穷。

王永庆并没有参与到这样一场混战中。他把目光放在了服务品质上。当其他商店之间还在赔本赚吆喝的时候，王永庆已经开着小货车穿梭于城市中的大街小巷送货上门。送货上门服务在当时可谓是创举，尽管之前也有很多商家对顾客始终保持着热情的服务，但从没有人想到直接把服务送到顾客的家门口。王永庆的这一做法在短时间内就赢得大批顾客的响应，甚至开始影响到整个米粮行业的服务准则。

王永庆是怎么想出上门服务这一新奇手段的呢？

每个商家都希望把自己的产品品质和服务质量提升到一流水平，每个人都会为了这个目标而付出百分百的努力。王永庆用自己的亲身事例告诉人们，优质的服务是重要的市场竞争力。但优质服务之间同样也存在着竞争，只有把自己的服务主动展示给顾客看，把顾客的被服务的义务变成他们主动去选择的权利。毕竟，服务在本质上还是一场"恭维"的艺术。

服务的本质是为顾客解决更多麻烦，以更好的形式来使顾客得到更多的满足。服务讲求的是与众不同和细致入微，本着如此的精神提供服务，才能把对顾客的服务热情转变为对同行的竞争力。只有赢得了顾客的心，才能占有属于自己的市场份额。

对企业来讲，竞争就是在和别人打仗。前提是，自身的服务力究竟有多少，服务和顾客的回馈之间是否成正比？服务是为顾客，但同时也是一场与自身拼搏的斗争。

对经营者而言，服务力的大小意味着可以拥有顾客数量多寡的能力。在商品的品质越来越趋于平均化的今日，顾客更看重的是自己得到的服务多少和服务水准的高低，他们还会主动评判商家是否足够看重自己的消费行为和消费心理，自己的消费需求能否得到更好的满足。由此所带来的结果是，哪家提供的服务更好，顾客就会首先考虑挑选哪家的产品，也许某项不起眼的服务内容或许就是改变成败的关键。

只求自身利益的企业永远不会长久发展，想要提升竞争力，必须具备和提升服务力这一前提，之后的一切营销规划才具有发展的意义。

为什么你的服务没有别人好?

这是一个很多事物都可以被量化的时代,包括无形的服务。

有量化就会有对比。一旦产生对比,顾客就能很容易地分辨出服务提供者彼此的优劣。当经济收益上的区分出现时,每个商家都应该考虑一下,为什么自己的服务没有别人好?

身为服务者,在面对顾客的时候,首先需要考虑以下两个问题:

第一,你的职责究竟是什么?

任何一个服务人员,不论是员工还是部门经理,首先要考虑的是顾客的需求,还要熟知如何去为顾客提供其需要的服务。每个顾客的消费态度不同,其需要的服务方式也不同,同质化的服务只能把顾客赶得更远。服务人员的职责应该是主动去观察和顾客有关的一切内容。始终记住一条:顾客永远是服务的中心点。

第二,服务代表什么?

凡是懂得如何去为顾客服务的人都不会把工作内容只看成工作本身。

当你在包容顾客、谅解顾客并且懂得适时为对方提供更多便利的时候，你的一举一动都将代表着公司的整体形象。服务人员是营销最前线的团体，其对某一位顾客的不周，表面看只是失去了一次交易，实则将会损失更多。

譬如，某位服务人员因工作上的失误而致使顾客提出了投诉，原本可能只需要多加细心就能解决好的事情，此时却需要公司上下更多人力投入到调查和售后的环节中，不但会造成更多资源的浪费，甚至会让上司对该服务人员的工作能力产生怀疑。一个无心的服务缺失，可能最终导致自身饭碗丢失，这是最得不偿失的结果。

工作是谋生的手段，但服务却应该是工作的信仰。不论是否决定把服务业当成是自己一生要从事的事业，一旦涉足服务领域，都应该把其当成是一份神圣的职业来看待。在每一项看似不起眼的服务中，都可能包含着个人的成功机遇。

在每次服务结束后，主动真诚地去询问顾客自己还有哪些地方做得不够周到，以便自己下一次可以改进。这不仅是对服务人员工作的要求，更是服务态度的体现，是对顾客的无形承诺。

只要身处该职位，就应该无条件地向着更好的目标努力。但你之所以还没有其他人做得好，根本点还是因为服务态度。想成为服务型的好员工、好商家，往往还需要做到：

1. 让自己成为最有亲和力的那个人，使顾客在见到你第一面时就会产生舒适感。第一印象在很大程度上已经决定了顾客是否会选择你的产品和服务。如食品销售人员需要整洁、房产人员需要干练等，正是因为这些先入为主的念头，印象分才会在之后的交易中起到更为关键的作用。

2. 虽然每个人的服务都是有界限的，但不论顾客提出的要求是否超过了自身的服务范围或者服务能力，永远要保证在自己的能力范围内为顾客提供最好的服务。同时，要想顾客之所想，以最大努力去帮助顾客联系其他服务人员，帮助解决自己能力范围之外的难题。

3. 遇到无理取闹的顾客时，绝不能情绪化应对。也许只需要一个深呼吸，用自己的头脑理性地思考一下利弊，争端很快就会得到合理解决。如果非要追根究底，顾客的恼怒往往也是和服务不到位有关系的。优秀的服务人员，是从不会让争端的苗头肆意蔓延的。

4. 不论服务的最终结果是好是坏，一定要随时保持与顾客的后期维系。平时主动关怀顾客，是留下印象分的好方法，更可以顺便推销新产品。不要忽视回头客的口碑宣传力。

真正的服务，是一旦处于工作岗位上就集中精力、毫不马虎地为顾客提供消费的便利性。作为一名服务者，凡是发生在自己业务范围内的问题，我们都有义务去主动承担责任并积极解决。一个可以让顾客满意的员工是企业形象的最好代表。当做到上述四点基本要求后，也许梦寐以求的机会就会出现。

往往不是我们没有别人做得好，只是我们没有做到如他人一般努力。这是失败者的通例，更是成功者的捷径。

顾客是最好的出发点

　　肯德基快餐店有一个规定，凡是炸出来15分钟没有卖掉的薯条就要倒掉。因为超过15分钟后薯条就会变凉，口感就会变差。

　　很多日本餐厅对洗碗这一简单的劳作有着非常严格的程式，共分为六道手续：先用清水冲洗，再用加有洗洁精的水洗一遍，用凉水冲洗一次，用热水冲洗一次，再一次用凉水冲洗，最后用干净的抹布擦掉水分。这个既简单又复杂的洗碗习惯造就了以干净、卫生而闻名的日本餐饮业，所以日式料理店很受顾客的好评。

　　零售业巨头沃尔玛在生蔬市场上有自己特殊的规定，他们永远只销售当天运送的绿色蔬菜。如果到了晚间时候这些蔬菜还有大量剩余，沃尔玛通常不会采取打折出售的方式，而是把这些蔬菜打碎了返还到肥料市场。新鲜蔬菜因放置时间过久而失去水分后，其中的营养成分也会大量流失。虽然顾客会买到比市场价更便宜的蔬菜，却并不能得到相同价值的营养元素。尽管很少有消费者会因此而对商家差评，但这样做却是欺骗消费者的行为，这在沃尔玛的服务理念中是绝对不被允许出现的。

沃尔玛的创始人萨姆·沃尔顿曾指出：顾客能解雇我们公司的每一个人，他们只需要到其他地方去花钱，就可以做到这一点。

任何一个商家需要提供服务，必定是以顾客的优享作为最基本的出发点。一旦失去顾客，再伟大的服务也将失去生存的土壤，再大的企业也会变得一文不名。不论员工个人还是企业组织，都要明白的道理是，顾客进店消费，一定是冲着你的服务而来。不但要尽一切可能与顾客达成消费上的共识，更要把每一位新顾客都培养成忠实的回头客。

营销界有一个著名的"二八理论"，即企业所获得的80%的利润通常是由20%的顾客创造的，这20%的顾客主要就是回头客。

这就涉及两个方面的问题：一是如何才能使一位陌路人变成新顾客；二是如何才能让刚刚产生消费行为的新顾客，转变成忠实的回头客。

这两个问题的共同答案只有两个字——服务。不断地去提升服务态度和服务方式，让你的服务力与众不同且无人能及，赢得顾客的心便是顺理成章之事。

想要留住顾客，首先产品必须要好，所销售的产品一定是值得被肯定的。这是与对手竞争的资本。

其次是服务。在产品同质的前提下，商家所能提供的服务如何是竞争力的关键所在，更是引导顾客做出消费选择的凭借。想要做好这一项，商家需要做好四点：

1. 不论何时，都需要具备做好产品的意识。凡是好东西，永远都不会缺乏市场，更不会缺乏口碑。永远都不要怀着侥幸的心理去卖一件次品，否则每一次销售都等于是在自砸招牌。再好的服务也无法挽回产品上的失败。

2. 尽管每个商家都希望顾客能够尽快达成交易以获得经济利润，但不要试图去卖给顾客他并不需要的产品。真正的服务是去了解顾客的需求并试图满足他们，跟着顾客的需求对症下药，这样做不但成功的概率更大，最后得到好评的可能性也会大大增加。好口碑的力量，远胜于一切广告形式。

3. 具有服务意识，不要只去探寻顾客提出的需求，更要学着顺藤摸瓜去开发顾客的隐性需求。试着向顾客抛出问题，在他的答案中通常会隐藏着连他自己都不知道的隐性消费需求。此类需求得到满足后，新顾客转变成忠实回头客的概率也将会大增。

4. 最后同时也是最重要的一点，要把服务变成一种工作习惯。服务是一种工作的本能。做到这一点并持之以恒，才能成就终生的好服务。

翻阅每位以服务出色著称的优秀员工的简历时会发现，他们往往会随时更新自己的顾客名单，懂得从新顾客中分辨出哪些人可能是自己的顾客，更懂得如何把自己的顾客变成回头客甚至永久性顾客。优秀的服务人员不但要有提供优质服务的能力，更要有善于发现顾客需求的眼睛和勤于自我思考的大脑。这样，服务者才有能力做到为顾客提供意料之外的服务附加值。

一则负面信息的破坏力有多大？

曾有一家卖场的经理接到顾客投诉，顾客认为自己遭到了服务人员的无端跟踪和怀疑。经理追问下才弄明白了事情的缘由。原来，顾客在货架前选购商品的时候发现总有一名服务人员跟在不远处，甚至在她故意转身去别的货架时，该服务人员还偷偷地瞄她。这让她觉得自己像是被监视的小偷，因此在大厅中和服务人员吵了起来。

服务人员也很委屈。他说自己只是想为顾客提供更及时的服务，所以才悄悄地在不远处跟随着，希望自己可以在顾客需要时第一时间出现。无奈这样的举动却被顾客误解，甚至因为争吵而让更多人对该卖场的服务产生怀疑。

这场误会值得引起所有服务人员的注意。一则负面信息所能造成的破坏力远大于商家付出的所有广告宣传。对销售真正可以产生影响力的，是商品的质量和企业本身的服务力。一旦失去了顾客的信任，广告宣传反而会加重负面消息的传递速度和广度，于是，一个负面的、不负责任的、低质且不可靠的企业形象便被迫树立了起来。

在经营过程中，总是不可避免地会出现一些预料之外的负面舆论，此时要及时把负面信息的概率降到最低。

首先，一定要保证所提供的服务可以被顾客看到。没有人愿意花更多的时间去探求服务人员行为背后的真意，顾客需要的是简单、直接、快速的服务来解决自己遇到的难题。

其次，再好的服务也需要顾客亲身去体验，而不是只停留在口头宣传和承诺上。想要获得好口碑，所做一定要和所讲相一致。正是因为前期的宣传，才激发了顾客的消费欲望。顾客一旦发现这些需求无法得到满足后，满心的期待瞬间就会转变为破坏力满满的负面评价。

最后，服务不只存在于售前，如果售后做不好，不仅会徒增顾客的被欺骗感，还会因此而成为顾客抱怨且报复的缘由。要做到好服务，一定要把售后的态度做好，甚至要做得比售前还要细致周到。如保持24小时开通的热线电话、定期将优惠资讯及产品的保养方法发送到顾客的邮箱等，这些看似不起眼的小行为往往可以快速占据顾客隐藏的心理需求，为其再一次消费和自发口碑传播打下好的基调。

由此也就引出另一则营销策略，即要随时关注顾客的消费需求。与其在年会上花时间去制定下一个宏伟目标，不如总结过去一年因为服务不周而导致顾客流失的数量。只有懂得反省，才有可能为服务的进一步发展找到更好的方向。

顾客是产品的亲身使用者，他们对产品优劣程度的了解更甚于开发人员和销售人员。如在国外的欧莱雅专柜前，任何一个顾客前来咨询时，营业员都会主动拿出一则调查问卷请顾客帮忙填写。这则问卷包括了顾客对该款产品的使用情况、满意度以及在使用中所遇到的难题，并在最后非常诚恳地征求了顾客对产品的改进建议。每天下班后，这些顾客的意见会被分类汇总起来，成为下一次开会时讨论的重点。

商家只有主动去听取顾客的需求意愿，才有可能做出令顾客满意的产品，也才有可能在最大程度上减少负面信息的产生概率。要做到这一点，其实并不难。

1. 日常中多观察顾客的消费标准和习惯，并及时记录下来。

2. 不论顾客提出什么意见和建议，仔细听取并客观记录。

3. 有些顾客不善于表达，这就需要服务人员主动去询问。只要态度足够友善且真诚，一般情况下都会得到顾客的理解。

顾客做完调查后，如果能从服务人员处得到一份小礼品，会增加其对商家直观的好感度。当一个人对他人的服务产生感情因素，心理上也就更愿意与之多进行沟通。沟通达成的同时也就隔绝了负面信息产生的土壤。

顾客在需要被服务的同时，更需要被倾听。切莫让主动变成了主观的想当然，进而造成服务的假象，迷惑了商家自己的双眼，更迷惑了顾客的感情分值。

感动也需看"火候"

很多商家都在考虑如何去拉拢顾客，可一旦前期的广告宣传达到了理想成效，当顾客蜂拥而至时商家自身往往又会先乱了阵脚，不知道如何在短时间内接待大量顾客。这就是不知道怎么做服务的典型表现。

把服务做好，首先要明白究竟什么时机去提供服务才是好时间。在对的时间去做对的事情，可以起到事半功倍的作用。这就像是家常炒菜一样，掌握不了适当的时间和火候，即便是同样的食材，也无法做出一道色香味俱全的菜品。服务也需要把握好"火候"。

在节假日促销期间，商场的柜台前面常常会发生这样的情况：三五成群的顾客围绕着一两个销售人员，每个人都七嘴八舌地询问着有关商品的情况，服务人员不得不辗转于不同的顾客间，常会因为精力有限而无暇顾及每位顾客的具体问题，于是只能够凭借主观感受去回答她认为有可能产生购买行为的顾客的问题，以至于总是会不自觉地冷落其他顾客，甚至还会造成其他人怒而离去的尴尬场面。其实该服务人员的做法并没有错，但因为她不懂得如何去调整服务的火候，因此才会造成双方都不愿意看到的结果。

如上情况出现时，每个服务人员当下提供的服务水准其实存在相当程度的提升空间。当服务者面对超出自身服务能力的情况时，可以首先回答最先提出问题的顾客的疑问，同时以抱歉的口吻请其他顾客稍做等待。服务者的回答一定要快速、简洁、直达重点，以免其他顾客的消费热情退却。

在此基础上，要掌握好服务的"火候"需要注意以下几点：

1. 及时回答顾客的提问，并给予他们最准确的解答。不论面对什么类型的顾客，服务者要始终明白自己的责任所在，不能被顾客的思路带着走。否则，不但无法提供其想要的标准答案，更会因为一时的疏漏而造成服务上的损失，甚至还会被怀疑服务的能力。

2. 服务应以人为本，在服务的时候必须学会看人说话。每个顾客的实际情况和消费理念都不尽相同，根据不同的人推荐不同的消费方式，这才是对顾客真正负责的表现，同时也更能够提高交易达成的效率。

3. 不论面对什么样的情况，永远都必须遵守好服务三个要点：真诚、用心、细心。

真诚，是指服务者要站在顾客的角度去考虑问题，为顾客着想，而不应始终考虑如何赚走对方腰包里的钱。让每个顾客的钱花得有所值，是培养忠实而坚定的回头客的关键要素。只有把真诚的服务态度融到每一个细节中，商家所提供的产品和服务才有可能赢得顾客的信赖。

用心，是抓住每一个和顾客接触的机会，多观察每一位顾客，根据他们不同的爱好、个性以及需求，分门别类地为之提供人性化的服务。因为人类的行为准则具有共通性，所以当统计达到一定量时就会发现，所有不同的顾客其实只需要分成几个不同的大类加以区别对待。在此基础上进行服务工作，将会变得更加快捷，且具有高准确度。

细心，是一项看似最简单却往往最难做到的服务准则。在完美的细心中，不但要求服务人员抓住每一个和顾客有关的细枝末节，更要求他们能够及时考虑并预见到顾客没有想到的地方。只有预见性的服务，才最能感动顾客的心。

同时，在服务的时候还要保持着面带微笑的姿态，既不能太冷淡，又不能太热情。当每一个认真的服务者尽自己最大的努力为顾客做好服务工作时，顾客通常都会对其加以真心赞美，更会将小小的服务礼貌上升到对企业形象的认同。

任何一个员工所提供的服务都不仅只是个人工作能力的表现。真正可以提升企业形象的，往往不是人所共睹的光鲜外表，而是可以让前来消费的顾客亲身去感知并享受到的服务。能够让顾客产生愉快的感动和愉悦体验的服务必定来自于以尊重顾客为基本原则的企业形象。而服务的火候如何，恰恰决定着是否可以做出一道具有上佳品相的企业菜肴。用优质服务去触动人心，最终才能产生足以令人感动的经济效益。

服务要做到"心"坎上

一项好的服务绝不仅仅是停留于嘴上的宣传口号，它必定是走心的服务。要做好服务，至关重要的一点是以"心"为重。

服务人员在进行岗位培训的时候都会被耳提面命这一要点，但为什么明明知道这一规则，在工作中却难以做到呢？

也许会很令人惊讶，很多服务人员确实并不知道自己的工作职责所在。在解答顾客的疑问时，如果可以尽可能地为顾客提供全方位的解答，面对有特殊需求的顾客时也会尽力去满足，哪怕其要求的内容已经超过自己的工作范围之外，也会主动帮忙联系解决事宜。服务人员在面对陌生的顾客时如果能够对其多一份关心，就会很容易使顾客感知到善良和诚意，并会因为这样一份"特殊"的服务而深受感动。

服务和销售一样，追求的都是经济效益。好的服务一定可以为企业带来可观的利润。如果能做到更上一层楼，在提供优质服务的同时，更要把服务做到令顾客感动的地步，由此而带来的感动经济也一定会超出最初的预想。好服务绝不是尽职尽责这么简单，服务需要做到顾客的心坎上，才能使其记住品牌，才会打动其想要消费的心。

即便是遇到很爱挑刺儿的顾客，只要愿意花时间和精力去善待他，以更多的耐心来回报顾客的吹毛求疵，那么再冷酷的内心也会被服务的温暖融化。如果不能友善以待，就一定会让顾客的苛责变得更加理直气壮，所谓的服务也会变成没有能力的象征。

有一项调查显示，想要维系一名老顾客，其难度是开发一个新顾客的五倍。正是因为这些老顾客常年在此消费，所以他们可以很轻易地看出服务人员究竟是敷衍了事，还是真正发自内心地为他们在服务。造成一切问题的根源，依旧在于有没有用心去做好这件事情。

任何形式的服务都需要站在顾客的立场上考虑，需要真正走进顾客的内心。一定要了解自己所面对的顾客，甚至要比他们自己更懂得他们究竟需要什么样的产品和服务。在服务中每多出一份细心的照顾，顾客也就会因此而多出一份认同感。如果服务者能确保所提供服务是出于真心，是诚心实意地付出，反倒就不会太去在意是否会得到顾客的尊重。服务是付出的艺术，回报是水到渠成的结果。

服务的力量藏于每一个小细节中，那些能把简单的服务做到让每位顾客都竖起大拇指的人，提供服务时通常离不开几项"心"内容：

1. 好的服务一定出于"细心"。在每一个服务步骤上都体现出主动和细致的关照，让顾客因此而产生认同感。如果过于粗心，即便已经尽力，却同样会因为细节上的失误而酿成危害。

2. 不是出自于"真心"的服务，会让人感到羞耻。服务不是为了讨好顾客，更不仅仅是为了保住饭碗。如果只是因为他人的喜好而做，这样的服务只能是一场秀，甚至会变质为一场骗局。服务应该是一种习惯和意识，是需要自觉和自发的工作。想要真心为顾客服务其实也很简单，只需要把每一位顾客都当成是家人，不把承诺当成是一场空谈，不因为被质疑而气馁甚至放弃自己的工作。

3. 服务不但要做到，更要做对，因此更需要"精心"。所谓精心，是要在既有的程度上再多加努力，做好他人也能做好的地方，做细他人已经做细的地方，在他人忽视的地方还要多下功夫。在完成日常的工作后再多一份自我反思，这样做出来的服务不但是极品，更是一种艺术。

4. "耐心"和"恒心"是发掘商机的法宝。优质的服务，不应该成为短暂即逝的昙花。如果缺失对细枝末节的耐心以及对追求卓越的持之以恒，恐怕永远都无法邂逅服务带来的巨大利润和商机。

大凡成熟的企业，都是本着对企业品牌负责、对产品负责、对顾客负责的基本态度去运营。越是勇于担当，就越能体现出企业的正面形象。服务是面向顾客打开的第一扇窗，不论员工个人还是整个企业，只要在服务中能做好这几颗"心"，可以说就基本解决了事关企业生死的大问题了，得到更多顾客的青睐将变得顺理成章。

抓住人心的交流秘诀

服务要想成功地攫取顾客的心，一定要从最基本的沟通方式上入手。

沟通本身就是服务的重要表现，更是促进所有服务达成的前提。但沟通并不是服务人员一方面的职责，不是属于服务者的独有推销方式。优秀的服务者向来会留给对方更多的表达自我的空间，与人交谈的时候，保持三分说七分听的沟通方式，可以让交谈变得更加随和体贴。

优秀的服务者一定是懂得倾听的人。

倾听，可以让一个人有更多的时间去换位思考，并及时观察到对方所表述的真正需求，进而为其提供更为精准的服务内容。服务者在和顾客交谈时，尤其是在面对首次接触的顾客时，可以用寒暄和闲聊的方式去了解对方的喜好，不要直奔主题，否则只会让人觉得你是急于想把产品卖出去。纵然服务永远离不开销售产品的背景，但服务更需要去正确地引导顾客进行更恰当的消费，服务是更走心的销售，也是值得长久维系的消费方式。

　　若要通过说话的方式成功抓住顾客的心，服务人员需要注意几个交谈的小细节：

　　1. 不论是面对什么样的顾客，在交谈的时候要学会去注视对方的眼睛，这会让对方觉得你是在认真聆听，是对他最基本的尊重。在倾听的过程中，可以适当地随声附和一下，以便双方的谈话可以更好、更愉快地进行下去。

　　2. 如果在谈话中出现话题意外中断的情况，最理想的状态是，交谈的双方都在努力寻找新的话题。这时可以采用适当赞美对方的方式来化解一时的静默。如果对方善谈，服务者就要做好倾听者的角色；如果对方会更多地保持沉默，服务者要凭借自己的经验主动打破冷场，避免因为长时间的沉默而使双方尴尬。此时，服务人员可以主动去询问顾客对产品和服务的意见，还有没有其他方面的需求，是否需要与他人协商后再做结论等。

　　3. 在任何服务中，尤其是需要面对面的交流服务，最注重的一点是坦诚相见。坦诚对待对方，必定也会换来对方的以诚相待。这一点不仅体现在和顾客的交流中，更体现在日常职场中上下级间的交流上。坦诚的人从来不会避讳自己的不足和错误，这不但是态度上的可取之处，更是敢于负起责任的表现。正因为此，顾客才愿意和这样的服务人员打交道。

　　4. 若想抓住顾客的心，非常重要的一点是，永远都不要因为个人的喜好而对顾客挑三拣四。可以和自己不投合的顾客相处，才是真正沟通能力的表现。如果实在不知道如何开始交流，那就尝试着尽一切能力从对方身上找出五个优点，挑选其中的一两个对对方进行赞扬。没有人会对赞扬表现出无动于衷，只要有人愿意率先跨越彼此的成见，沟通将会是一件非常愉快的事情。

一名服务人员没有权利选择服务什么样的顾客，但始终有责任改变自己的服务态度和服务初衷。若是连自我的态度都改变不了，恐怕难以尽到服务的最基本的责任——以顾客为中心。

5. 尽管赞美是最好的沟通方式，但如果遇到来自顾客的赞美时，或明知自己的服务中有很多不足却还是收到了不应有的赞赏，此时一定要记得保持谦虚的姿态。只有谦卑的人，在彼此的交谈中才能始终掌握主动权。

不要企图去改变对方，要改变的永远是自己。把用来考虑对方缺点和问题的时间，用到去思考一些更好的解决方法上，才是服务人员最应该做的事情。

在做好服务细节之后，每一个服务者还要保证自己的工作能够及时完成，在工作进行中还要适当地和顾客进行反复确认，这样做不仅能体现出对顾客的充分尊重，更能体现出自身负责任意识。

服务者所做的一切活动，最直接的目的是要和顾客建立起更亲密的关系，通过满足顾客的心理和实际需求达成彼此间的交易。抓住顾客的心是一切消费行为实现的前提，在平时的工作中能考虑到这一点的服务者才能真正了解到服务的真谛。

感动，需要步步为营

不论有没有提出明确的目标和内容，每个企业其实都拥有属于自己的企业文化。大凡需要和顾客接触的企业，在树立企业文化内容时，都会把为顾客服务放在首位。企业永远都不会用口号式的文化来感动顾客，而是具体体现在每一个服务人员的所作所为中。

美国有一家农产品专卖店，它推出的宣传口号是"纯绿色的真正农家产品"，但凡有人认定他们销售的产品有质量问题，老板都愿意无条件照价赔偿，这个规定源于一瓶牛奶。

有一天，店里来了一个小伙子，他买了一瓶鲜牛奶。结账后，小伙子迫不及待地打开瓶盖喝了一口，却满脸厌恶地对老板说，牛奶是酸的。老板不信，他一上午卖出去了两三百瓶牛奶，同一批货里怎么可能会有酸了的牛奶呢？老板认定小伙子是故意找茬，在强行争执后，为了不影响其他顾客消费，老板勉强同意给这位顾客退一美元。

晚上打烊后，老板把当天发生的事情讲给妻子听。谁知妻子竟然把他责骂了一顿，她说："没有一个顾客会无聊到为一瓶牛奶讹诈你。如果顾客说牛奶是酸的，即便这只是个人的口感差异，你也应该尊重并承认顾客的说法。"在经营和服务中，服务是永恒的真理。当一切出发点都是围绕着如何才能满足顾客需求的前提而进行时，只有首先感动了顾客，才能让所有的经营行为变得可能。

"感动客户"是听起来如此感性的一个词语，但在实际操作中也需要步步为营地精心策划。

在和顾客初次接触时，每个服务人员都要问自己以下几个问题：

1. 我对这位顾客的家庭状况了解多少？

2. 我是否了解顾客进店消费的意愿和主要目的？

3. 怎样用最简单的语言为顾客介绍他最需要的产品和服务？

4. 这位顾客最喜欢的服务形式是怎样的，我要如何做才能得到他的好评？

所有的服务都应该建立在这些问题的答案上。当心中有了基本的判断方向后，服务者就要一步步地为顾客设置感动要素。

第一步，好工作源于好心情。

与人见面时时刻面带微笑，这样做可以使我们看上去更为亲切。国外有很多行业会对服务人员进行一场特殊的训练，每天去面见顾客之前，每个人都要在心里默念几次"great"，与此同时要保持嘴角上扬的姿态，服务人员自己的心情也会随之变好。而好工作，往往开始于早起的好心情。

第二步，记住顾客的名字。

在与顾客面对面交流的时候，如果可能，请尽量记住顾客的名字，而不只是姓氏。对名字的亲切称呼比称呼先生、女士更有亲近感。在接待不同的顾客时，要注意根据对方不同的性格、特征和喜好去提供差别化的接待方式。每一个服务人员都应该考虑的问题是，如何在自己有限的职责范围内，尽可能多地为顾客做出热忱的接待。

第三步，永远保持专业化的产品解说方式。

在解说产品的时候有两个要素需要注意：一是以故事为主题，进行情感带入；二是以情景为方式进行主题讲说。一个好的服务者不但要会说故事，更要懂得在不同的情境中通过不同的故事感化不同顾客的心。

第四步，对顾客的关怀询问要贯穿服务的所有阶段。

懂得察言观色并能适当地提供服务的人才是优秀的服务者。在顾客最需要的时候及时为其提供有效服务，可以直接地打动人心，而恰当的询问会让服务更有明确的目标和方向。

第五步，送客也是一种艺术。

在顾客即将离开的时候，除了要奉上"谢谢光临，请慢走"的祝福外，如果能够目送顾客离开，将会让顾客感受到额外的尊重。为顾客奉上的尊重之情，是服务的基本原则，是不应该添加进任何利益关系的。

每逢节假日或对顾客来说具有特别意义的日子，都应该适时地送上祝福，甚至还应该带上一份小礼品。这样的行为虽然很简单，却可以给顾客留下难忘的好印象。

优秀服务者的眼中从来都不存在坏的顾客。只有不正确的服务态度，没有不恰当的顾客行为。每个服务者都有责任去改变自己的服务态度，感动更需要靠行动支撑和演绎。这些最普通的工作内容才是吸引顾客成为忠实消费者的强大后盾。

第五章

服务
更像是一场大冒险

沃尔玛是如何成功的？

创立"喊叫式服务"的新规则

ZARA在模仿，更在创新

学习家乐福的先见之明

肯德基"游乐场"的服务人情关

椰菜娃娃的吸睛之术

智能手机的饥饿营销术

诚信服务的英国航空

电商网站的"无条件竞争"

>> 链接·京东制胜法

沃尔玛是如何成功的?

当今世界零售业中，以营业额计算，沃尔玛是全球最大的公司，是世界上雇员最多的企业，连续多年在美国《财富》杂志评选的世界500强企业中居首位。沃尔玛的成功固然有其独特的优越条件，但并不意味着沃尔玛的成功不可以复制。一家企业要想在顾客心中树立好口碑，首先要着手改善的重点必然是服务。顾客第一、服务第一的理念需要深深植入每一个员工的内心。

沃尔玛服务最核心的法则便是"去满足顾客"。沃尔玛的服务体系建立在两个宗旨之上，第一个是"顾客永远是对的"，第二个是"如果顾客错了请参照第一个"。看似玩笑的服务宗旨实则说明沃尔玛要求所有的员工要始终站在顾客的立场去提供服务。永远把顾客需求放在第一位，成就了沃尔玛从一家不起眼的杂货店成长为全球最大的购物超市连锁店的成功轨迹。

当进入沃尔玛超市，顾客或许并不会感觉到这里和其他超市有什么分别。同样是琳琅满目的货架，也许某些商品的价格比其他超市还要高出一些，但只要与任何一个服务人员做一次简单的交流，顾客很快就能体会到贯注于沃尔玛服务守则中的无形力量。

任何一个沃尔玛的新员工在上岗前受到的培训原则是：凡是遇到顾客提问，每个员工要在三步之内做出微笑的姿态，微笑以露出八颗牙齿为标准。如果顾客因找不到自己需要的商品而询问服务人员时，被询问者绝对不可以用手指一指了事，而是要亲自把顾客带到他需要的商品前。

沃尔玛不仅看重售前和售中服务，对售后服务也有着非同一般的高标准。在沃尔玛的售后服务台前，通常会贴有四条令人匪夷所思的服务标准：

1．如果顾客带回来的商品没有收据——微笑，无条件给顾客退货并退款；

2．如果不能确定顾客带回来的商品是否是沃尔玛售出的，那么依旧保持微笑，并且以最快的速度退货并退款；

3．如果顾客购买的商品已经超过一个月的退货限期，一旦顾客提出了退货要求，依旧以退货并退款作为处理守则，并且随时都要保持微笑；

4．如果顾客并没有按照使用说明来正规使用商品，并因此造成了损坏甚至影响到二次销售，依旧微笑并退货、退款。

正是因为能够提供如此让人意外的服务，能够持续地无条件地去满足顾客的所有要求，才使沃尔玛的每一次服务都更具力道，沃尔玛可以在全球培养出万千忠实的顾客也就不足为奇了。

　　服务是一种双向行为，服务提供者和顾客两者缺一不可。服务是人和人之间的交流，更加看重彼此之间的"感觉"。服务人员是否足够诚信、是否用心、是否热情、是否真正为顾客着想，这些服务内容和质量，顾客其实都可以真切地感受到。服务是不可以用伪装来代替的，所以在提到服务力的时候，我们必须着重强调的一定是：要从"心"出发。其他人做不到的地方你可以做到，其他人拒绝去做的事情你愿意主动去承担，对其他人视而不见的内容你却倍加细致。永远不要把"顾客是上帝"当成一句空话，真正的服务必定源自商家和顾客的携手与共。

创立"喊叫式服务"的新规则

所有的优质服务只有一个终极共同点，那就是让更多顾客满意。

当顾客走进一家餐厅时，门口的接待人员往往会面带微笑地讲出"欢迎光临"。而在另一些餐厅中，当门口的接待人员喊出"欢迎光临"的同时，店内所有的服务人员都会齐声喊出"欢迎光临"，然后有专人把每一位刚进店的顾客引领到合适的位置。待顾客餐饮结束要离去时，所有服务人员几乎又会异口同声地喊出"欢迎下次光临"的口号。这样的服务方式能让顾客感觉到自己的消费不但物有所值，更是买到了一份尊重感和尊贵感。

第二种服务方法便是餐饮业内闻名的"喊叫式服务"。

纵然从未表露，但每个人内心深处其实都希望得到他人的尊重。喊叫式服务的特色在于，将因服务让顾客感受到的尊重感扩大化并广而告之，由此在短时间内可凸显出服务的最佳效果，使顾客在尚未真正产生消费行为之前内心就已经被征服。

美国西雅图有一家不起眼的鱼铺，店铺中充斥的鱼腥味让人难以忍受，但每天前来买鱼的人却络绎不绝。为什么人们愿意舍弃干净卫生的大型超市而选择这样的小鱼铺呢？这家鱼铺招揽生意的特色便是"喊出来"。

为了改变等待顾客上门的被动销售模式，店铺老板有一天突发奇想，命令服务人员在看到有顾客上门时一定要齐声高喊"欢迎光临"，服务人员还会告诉顾客，他们新推出了一项叫作"飞鱼表演"的服务。出于对"飞鱼表演"的好奇，即便不买鱼的顾客也会走进店中去看个究竟。

此时只见有一条顾客选购好的鲈鱼，负责捕捞的工作人员高喊一声"一位先生的鲈鱼"，随后所有的服务人员不论手中正在忙什么都会同声高喊"一位先生的鲈鱼"。捕捞的工作人员把抓到的鱼在手中玩几个花样，然后从空中把鱼准确无误地抛到对面的砧板上。这时站在砧板后面准备处理鲈鱼的服务人员高喊"一条鲈鱼飞到了砧板上"，其他服务人员也高声喊着"一条鲈鱼飞到了砧板上"，只见刀光在空中闪过，刚刚抛到砧板上的鲈鱼转眼已经被处理干净。当处理人员把鲈鱼交给包装人员时，包装人员会高喊"一条鲈鱼跟着先生回家了"，其他人也都高喊着相同的话语。至此，一项高调的卖鱼服务在众人的注视中才真正结束。

如果顾客愿意，他也可以亲自去表演"飞鱼"，但通常顾客都会把鱼扔偏而引来众人哄堂大笑。但不管怎样，鱼铺的所有服务人员在新的服务内容开始前总会同时喊出服务口号。如此热情的服务使前来购买或围观的人群早已经忘记了鱼铺的鱼腥味，并且把消费的过程变成了一种享受。该鱼铺创造的表演"飞鱼"的技巧后来被很多店铺仿效，店内服务人员高呼"欢迎光临"的喊叫式服务也开始风靡全球。

顾客进店消费，除了购买产品，其实更是购买了店铺所提供的服务。从喊叫式服务中，顾客可以更多地感知到被尊重和被重视。也就是说，即便不同店铺在本质上提供的服务内容是一样的，但在如此热情的服务方式下顾客往往会产生不一样的心理感受，甚至会在完全不自觉的状态下感到心情变得更加愉悦，因此会对服务的好感度大大增加。在之后消费的过程中即便不可避免地出现了一些服务瑕疵，顾客也都会因为先前的感动而对此忽略不计。

相反，如果顾客的心情不好，其消费的眼光会变得更加挑剔，微小的服务差错在顾客眼中都会被无限放大。喊叫式服务在给顾客带来消费愉悦感的同时，会在不知不觉中麻痹顾客对瑕疵服务的感知。当一个人受到他人足够的尊重和重视的时候，总是更容易被这种情绪感染，从而用包容心来看待自己正在历经的一切。这是人性，是人之常情，也是优质服务的秘诀所在。

正如爱默生曾经说过的那样，这世上没有任何一项伟大的事业不是建立在热情基础之上的。建立在热情基础上的喊叫式服务实则是抓住了顾客内心的真实需求，才能借此提供具有创新性的服务体验，让可感知感受到的服务成为顾客本人独享的特权，赢得每一个进店消费的顾客之心。

ZARA在模仿，更在创新

　　想要在营销市场上占领一席之地，往往离不开"创新"这一法宝。对于创新，多数人会理解为在所售产品的设计、制作工艺上有所突破，希望以新奇的产品敲开顾客的心扉。但在激烈的市场竞争环境下，一件刚刚上市的新产品如果得到顾客的好评，往往很快就会被无数竞争对手模仿，例如纺织品，竞争对手的式样甚至更好看，材质更健康，价格也更便宜。

　　为什么会出现模仿者更胜一筹经济怪象？

　　对创新而言，敢于第一个吃螃蟹的人无疑要有雄厚的经济基础做后盾。在前期开发研究的环节中，研发者总是不得不投入大量的人力物力，研究创新方面所花的经费最终还是要被附加到产品中去，因而新产品的市场价格居高不下。而模仿者往往只需照猫画虎地做出一模一样的产品即可，在省去大量研发经费的前提下还不需要承担开拓新市场的风险，后来跟风者们可以把更多的财力和人力用于推广营销上。市场更愿意接受哪家的产品，结果可想而知。西班牙服装品牌ZARA就是靠快速模仿的方式成功崛起的。

时装行业每年都要举行很多时装展览周，发布下季度的时装风向和趋势。对于普通顾客来说，这可能只是一场场追逐潮流的假期。但对于ZARA来说，每年的时装周是"窃取商业机密"的最好时机。当世界知名的服装品牌在展览周上新推出一款衣服，有时甚至连发布会都还没有来得及开，ZARA制作的同款衣服就已经在街边的专卖店里售卖了。

也许有人说，这样的行为是一种抄袭。没错，这种做法既是成功的捷径，同时也是ZARA式服务创新所带来的最大弊端。然而即便没有被抄袭，在科技日新月异的今日，一款新产品究竟能够引领风骚多久也是一个值得商榷的问题。

ZARA因为自身的"不检点行为"，每年都会收到来自大牌服装企业的数封法律文件。令人奇怪的是，每一次ZARA都会大方承认自己抄袭的行为，并且会如数奉上所应该赔偿的金额。之后遇到再有新品发布时，ZARA依旧会在一个星期之内把原本高高在上的大牌知名服装品牌成功地变成任何阶层人士都可以买得起的日常物品。

纵然在营销市场上，ZARA总是做出经济赔偿，但ZARA却用极低的成本抢占了顾客的口碑。和ZARA已经在市场所赢取的利润相比，对其他服装品牌做出的赔偿几乎微不足道。

ZARA从来没有想过在产品上做出属于自己的创新，它的产品之所以风靡全球，几乎完全依赖于这种非常特殊的服务模仿与创新。服务的基本出发点就是让顾客去感受，脱离消费群体的产品永远都不是好产品。ZARA通过自身的眼光和运营成功地给予了每一个顾客他们所渴望的东西，并且价格还是亲民的。ZARA满足的是顾客追求时尚的心，这才是服务的最高明之处。

不论服务如何创新，占领消费市场才是一个品牌最终的目标。大牌服装厂商设计新产品是在为顾客提供审美服务，ZARA的营销之路在于把美带给每一个值得拥有的人。在这一点上，不论谁对谁错，唯有被顾客认同，才是经营上的成功。

相比产品本身的创新，服务上的创新往往更能引来顾客青睐的目光。任何一款好产品都是为人们服务的，可以说，只要足够用心，任何人都可以做出好产品，但却并不意味着每个人都能做到好服务。在产品更新换代的速度越来越快的今日，唯有用心服务是亘古不变的。只要有顾客，只要有消费欲望，市场上就永远都存在对优质服务的需求。当商家可以站在顾客的立场上去考虑服务应该怎么做时，便永不会缺少创新的方向。

学习家乐福的先见之明

科技日新月异，文明逐日进步，顾客自身的消费需求也不可能永远停留在同一个水准上。也许在未来的某一天，顾客会提出比产品更超前的消费需求。而对商家与生产者而言，服务的本质便是不断去满足顾客提出来的这些消费需求，和顾客一起，共同促进社会文明的进步。

但其实顾客往往并不知道自己究竟需要什么样的产品。与顾客庞杂的数量及所处的地位相对比，商家因为拥有大量顾客的消费惯性数据，因此更容易去总结并研发出新的消费需求，并对顾客的消费进行引导。服务不应该是简单被动的问答形式，而是更应该采取主动出击的方式去赢得顾客的消费需求。

在家乐福超市，服务人员除了要为每一位顾客提供其需要的具体服务外，还必须随时思考自己还能为顾客多做点什么。

以家乐福的电梯为例，现代超市多是两至三层的结构，所以需要有电梯连接不同的楼层。最开始，超市中统一使用的都是阶梯式的电梯。虽然这种电梯更方便顾客站立，但手推车却没有办法上下楼梯，而且一些老年人和小孩子在乘坐阶梯式电梯的时候，通常会使用轮椅、童车，还需要有专人陪护。为了避免乘坐电梯时的麻烦，人们有时不得不在一个楼层尽快选购完自己需要的物品就匆匆离开。

家乐福的工作人员发现此状况后，公司高层在第一时间研究出了相应的对策。家乐福率先把超市内的阶梯式电梯全部改造成无台阶式电梯。这样一来，不只是方便了顾客上下，老人和带小孩的顾客也更愿意在超市多逗留，因此产生了更多的消费可能性。

随着进店消费人群的增多，随之而来的另一个问题是人们经常不得不在结账台前排很长时间的队。即便只是到超市来买一瓶可乐，往往也要排在大型购物车之后。为了让购物少同时赶时间的顾客能先结账且快速离开，家乐福特别增开了五件以下商品的专用结账通道。只需要一个简单的分流措施，那些购物少的顾客就再也不用跟在满载而归的顾客后面慢慢地排队了。家乐福再次因为优越的预见性服务而赢得了顾客的好评。

在服务的时候，要尽自己最大的可能让顾客享受到更优质的服务。也许我们只需要比竞争对手多用一点心，就会因此培养起一批非常忠实的顾客。所谓先见之明，多是建立在对既有问题的主动思考上。

随着网络购物的兴起，人们更愿意坐在家中等待快递送货上门，由此催生了快递业的大发展。也可以反过来说，正是因为快递的急速发展，才让上门送货服务成为可能。

有需求必定有市场，这也许是服务的最好定义。企业和商家所追求的创新从来都不是坐在家中闭门造车，而在站立顾客的立场去考虑切实所需，用数据去计算究竟怎样做才能让顾客在消费的时候更能感觉到便利性。创新就是思考，去思考顾客还会缺少什么，思考服务人员还可以给顾客带来何种服务。所有思考出来的结果都可能是创新的最佳点，同时正是因为这些思考来源于顾客最直接的现实需求，所以当我们把这些创新的想法立即投入实际行动中时，自然更容易抢占先见之明的制高点。

创新服务不只是在为顾客创造机会，更是商家给自己创造更好的招徕顾客的机会。"我还能为顾客提供点什么"，常把这样的思考放在工作的重中之重，那么顾客给我们带来的回报必然是可喜的利润和可叹的成功。

肯德基"游乐场"的服务人情关

　　肯德基快餐店遍布全球，但年轻父母带孩子去吃快餐时，通常会对到处玩闹的小孩子感到非常头疼，以至于无法专心去享受一次快餐时光。一些较大的肯德基店面里会有专门为小孩子设立的小型"游乐场"。点完餐以后，顾客可以把孩子放在游乐场中尽情玩耍，自己就可以得到片刻享受美餐的时光。

　　正因为肯德基设置了游乐场，平时工作繁忙的父母更愿意带孩子来肯德基就餐，他们只需要交纳很少的用餐费用就可以把孩子放心交出去。而对肯德基来说，设立小型游乐场能吸引更多的父母和孩子一起前来就餐，营业收入也呈现出大幅增长。

　　只因为一个小型游乐场的设置，肯德基在年轻父母中的口碑就会上升。背后的原因并不在于肯德基店内的小型游乐场里究竟有多少可以玩耍的项目，而在于经营者懂得站在顾客的角度去寻找服务的盲点。很多时候，父母因为工作原因无法带孩子到大型游乐场玩耍，肯德基不但帮助他们填补了这个情感遗憾，更帮助父母从照看孩子的负担中解放出来，这种服务方法轻易地就得到了顾客的青睐。

肯德基的制胜法宝正是服务的最基本法则——永远站在顾客的立场去思考顾客的需求，才有可能寻找到营利的新方向。

但肯德基的聪明之处更在于，一个食品店跨界经营起游乐场，使其自身提供的服务不断趋于多样化，以尽最大努力去满足不同顾客的多样化需求。麦当劳为了满足白领一族休闲的需求，也在自己店内开设了麦记咖啡店。二者有异曲同工之妙，都是立足于多样化的服务基础。当顾客的需求越来越多时，唯有敢于尝试跨界服务，不断扩展自身服务的多样化，才可能拓展更加宽广的行销市场。

很多企业都存在一种固有思路，认为服务只是单纯地为顾客提供需求和帮助。但把服务做好并不是通过简单的努力、细心和优良的态度就可以解决的。一旦在根本方向上出现错误，再优秀的服务准则也只会带来南辕北辙的笑话。比服务细节更重要的，是服务的创新。

如果能将多样化的服务提供给有不同需求的顾客，这样的服务在吸引更多消费眼球的同时，也能为企业吸收更多的经营利润。很多世界知名企业在遇到一时经营不善的情况时都会选择从自身改变开始，利用新鲜有趣的服务方式招揽新顾客。

美国骆驼牌香烟曾有一段时期经营状况非常不好，为了吸引更多顾客，骆驼公司聘请了一个马戏团在城市广场进行骆驼表演。当民众闻声前来观看表演时，公司就适时地把新研究的香烟品种发放到观众手中。看免费骆驼表演，抽免费的骆驼香烟，于是民众对骆驼品牌的印象很快发生质的转变。

服务和销售方式上的创新帮助了肯德基和骆驼品牌成为顾客的心头好。即便只是普通的售卖者，如果能在服务项目和服务方式上更加贴近于顾客心中所想，以更具人情味的服务方式作为创新方向，也可以发现服务上的别有天地。太多人只愿意在服务深度上下功夫，却忘了服务的宽度同样值得认真考虑。

服务力中最重要的一点内容是：要始终考虑到顾客的感受。厂家在平时的销售设计中，可以针对顾客的不同需求创作出略有区别的产品，并对这些产品做出有区别的包装以便识别。如果为年长或者身体不方便的顾客考虑，商家就应该把他们所需要的商品放置在伸手就能够到的货架中层部位。

服务其实需要来一场"大杂烩"，即如果条件允许，为了满足不同顾客的口味，可以尽可能把更多的服务种类拼在一起为顾客提供选择。

如果担心对顾客用意的揣度不够准确，不妨多提供一些免费服务。如餐厅在顾客用餐后及时奉上一盘免费水果，此时顾客大多会把对菜品的挑剔放在一边，转而称赞商家的用心良苦。免费永远是感动买单者的第一要义。而免费的附加服务还彰显了企业的品牌形象，值得员工们尽心尽力去做好并完善它。一旦在附加服务上出现服务缺失，顾客因此形成的坏印象甚至会波及商家的主营业务。要么不做，做就要做好，这种理念是对顾客负责的具体体现。

服务中的人情味特别讲究揣度每个消费者内心的需求和念想。这是需要服务者诚惶诚恐进行的创新服务方式，人情不是冷冰冰的数据化，顾客更看重的是服务者的态度和用心。当商家的橄榄枝已经伸到眼前，没有人会冷眼拒绝。所以，服务创新的根本还是在于商家是否愿意主动做出服务顾客的姿态。

椰菜娃娃的吸睛之术

　　美国玩具市场上曾有一款叫作"椰菜娃娃"的产品非常流行。椰菜娃娃会在每年圣诞节前后上市，很多顾客都会冒着凛冽的寒风在店面前排队等待，只为了领养这个高度不足40厘米的玩具回家。

　　生产商奥尔康公司规定，每个想要把椰菜娃娃带回家的顾客必须签署一份非常正式的"领养协议"。协议规定，凡是领养了椰菜娃娃的人就和这款玩具确立了收养关系，要同对待真正的孩子一样去对待这款玩具人偶。

　　为了把玩具做得更逼真，店家给每一款椰菜娃娃搭配了风格不同的服装，娃娃的脚上盖有"接生人员"的印章，每个娃娃都有专属的出生证明、姓名及脚印。这样一款特殊的玩具之所以得到美国顾客的青睐，与美国社会当时的婚姻风潮有密切关系。

　　19世纪80年代初，美国家庭的婚姻失败率正处于最高水平，"家庭危机"的潮流扫荡了美国社会，破碎的家庭越来越多，父母离异给儿童造成了心灵创伤，也使不能抚养子女的一方失去了感情的寄托。椰菜娃娃的出现给这些顾客带来了感情上的寄托，由此造成的消费热潮给奥尔康公司带来了超过10亿美元的营业收入。在消费最狂热的时候，椰菜娃娃一直处于供不应求的状态中，很多顾客甚至花重金去贿赂营业员，只为了能够提前把椰菜娃娃领养回家。

这款玩具的出现几乎改变了美国社会的消费风俗。椰菜娃娃不仅是一个销售奇迹，更为顾客带来了感情上的慰藉，使他们在和椰菜娃娃相处的过程中感知到家庭和睦的可贵，由此增加了家庭的责任感。

服务并不是简单的有求必应。椰菜娃娃的成功推销离不开创新服务的框架。因为准确捕捉到顾客乃至整个社会的消费心理需求，商家才能在此基础上为顾客寻找到更加贴切的消费目标。不论哪种行业进行创新，都应该把被动服务变成对顾客的主动关心和照顾，主动去探寻他们内心深处真正需要解决的问题。随后，商家要配以行业具有的专业敏感度对此进行分析，由此就不难在服务上做出更好的创新了。

不论是研究顾客还是研究商家和产品本身，创新往往要从需求、不足、相互理解及观察分析四个基本方面入手。

需求，即要去研究顾客对产品或服务的具体需求。商家之所以不断创新，就是希望用更好的服务方式去满足顾客的更多需求。在经营过程中，服务者可以多询问顾客对已有产品的意见和建议，仔细观察并记录顾客在使用产品过程中存在的困扰，聆听他们对服务的希望，并努力去寻求合适的解决之道，所有这些都是下次创新的方向。

不足，即要发现自身所提供内容的不足之处，就是要发现无法满足顾客的地方，它或许是当下市场中缺失的空白服务点。只有在其他人想不到的地方发力，才可能以出其不意的方式制胜。如果找到了市场所缺，并针对此空白去提供独家服务，由此获得更多好评的概率就会更大。

在服务市场上能够发现所缺和不足之处，往往比能够发现需求和不满更难，对商家来说也更重要。

基于以上两点，想要把服务做到极致，还是离不开和顾客的基本沟通交流。只有建立在相互理解基础上的服务，才是具有人性化情感的服务，才是到达顾客内心深处的感动方式。试着去理解顾客内心深处的痛苦、快乐及需求，针对此提供服务，正是椰菜娃娃成功的关键，也可以是其他产品成功的要素之一。

要做到服务上的创新，除了摒弃一切纷繁复杂的模式和程序外，还需要记住二十字箴言：人无我有，人有我新，人新我优，人优我专，人专我精。真正做好这二十个字，轻松吸引更多顾客是水到渠成的事情。

不论服务是否致力于创新，对顾客及其消费行为进行仔细观察和研究是每个服务者提升自我服务能力的必备要素。所有创意都来自于对每个细节的认真观察和思考。善于对观察到的细节做更深层次的思考，善于从当下的服务寻求改变以契合顾客的心理预期，才能把对好服务的期望变成现实。

智能手机的饥饿营销术

很多人都有小时候用空啤酒瓶换啤酒的记忆，通常用两三个喝空的啤酒瓶可以兑换一瓶新啤酒。此活动刚开始推行的时候，人们都争相把家中的空啤酒瓶拿出来兑换。但聪明的消费者很快发现，不论怎样算，自己手中始终会留下几个刚喝空的啤酒瓶。为了不浪费这些空瓶子，自己不得不继续去同一家商店再买同品牌的啤酒——只为了凑齐再兑换一瓶啤酒的空瓶子，结果就陷入了这种不停买新啤酒的循环。

顾客当然很容易就能看出这种营销活动的伎俩，他们依然愿意参与进来，是因为每个人对免费产品都是心存渴望的。可见，服务不一定要多么新颖，创新也并不一定是发明出从未出现过的服务方式。哪怕仅从表面看起来很划算做文章，顾客就很容易买账。企业应该思考的是如何做才能抓住顾客内心对产品的渴望，从而投其所好，完成一场对等的交易。

在这一点上，苹果手机就做得非常漂亮。

苹果手机每年都会在固定的时间推出新品，在新品发布会前会做出大量宣传来引起顾客关注。但新品上市的消息发布后，很多人冲进专卖店却发现必须有网上的预约资格才能在现场拿货。想要购买，人们只能先回到家登录官网预约购买资格，此时却发现第一批的手机新品早已经销售告罄。这就造成了顾客即便手里有现金也无法买到心仪产品的结果。

待第二批预约资格放出来时，人们发现有限的名额又在短时间内被抢空。想要购买该品牌新款手机的顾客只能翘首以待地等上半年时间，有时眼看更新一款产品发布在即，自己却还没有买到去年推出的老款。

尽管如此，顾客对苹果品牌的追捧依旧趋之若鹜，很多潮流达人甚至以成功抢买到最新款苹果手机为傲。所以尽管全球手机市场的竞争异常激烈，但苹果手机凭借优秀的营销技巧而依旧笑傲群雄。

苹果手机推行的营销策略可称之为"饥饿营销"，即始终给顾客造成一种渴望感，通过这种激发顾客自身欲望的特殊服务方式求得销售佳绩。

企业为顾客提供服务的本质在于，商家要善于去发现顾客的消费欲望。如果没有合适的欲望存在，那就去创造一种新的消费可能性。

现有市场上所有的成功产品案例都不是只基于产品的，它们往往更侧重于其所能提供的服务是否真正可以吸引到人们的心理诉求。与精于营销之道的商家相比，普通顾客通常并不会非常明确地知道自己需要的内容。以少部分的人的消费观念去带动所有人，或者以一种新款产品引领出一种消费风潮，或者用某一种行为带动一种消费趋势，这些做法都需要建立在消费渴望的基础上。在顾客对自身的消费行为尚不明确的时候，商家所提供的服务便是激发出他们渴望的最好向导。对商家而言，提供一个足够明确的选择目标，是帮助顾客建立一种新的消费渴望的最好方法。

实施饥饿营销法的第二步需要建立在足够的广告宣传上。只有基础宣传度到位，商家才能准确地把新的消费目标传递给每一位顾客。这一步的成败决定着整个营销服务体系是否可以顺利完成。

最终同时也是最重要的一步，就是商家所有的活动都要建立在"饥饿"的概念上，就是让新产品始终处于顾客可望又不可及的状态下，在这种情形下一旦开放购买就会出现消费的井喷。饥饿营销服务方式一旦达成，成功购买到新产品的顾客会产生更多优越感，因而会把更多精力放在对新产品的炫耀上，而不是对产品功能吹毛求疵。毕竟，人无我有的服务尊享感才是服务要为顾客提供的绝佳心理体验。

做好饥饿式营销服务，要把握好以下几点：

第一，要善于发现顾客的特殊需求。往往越特殊的东西做的人越少，成功的概率也就越大。商家要确保基于"饥饿"产生的服务和商品一定是顾客最需要的。

第二，每一次服务都要建立在人性化的基础上，顾客的心理优越感会容易有共鸣。服务行为一旦产生，必须触动顾客的内心，只有引起共鸣，才会使顾客的消费欲望变成消费行为。

第三，绝不能有大量铺货行为。限量发行会给人造成一种不买就再也买不到的消费假象，因为迫切需要，所以才会更迫切地要去产生消费行为。这是饥饿式营销服务的关键所在。

饥饿式营销服务的基本出发点并不是去故意造成消费紧迫感，而是为顾客特殊的情感——如炫耀、尊享、优越等——找到一条以商品为寄托的释放方式。正如曾流行一时的换酒瓶活动，并不是人们买不起一瓶啤酒，而是在免费的概念面前没有人禁得住想要拥有的冲动。隐藏于人们内心深处的冲动是整个人类社会消费需求的源头，一旦被成功激发，定能引发一股消费风潮。

诚信服务的英国航空

在所有创新服务的理念中，最基本也最重要的一点便是诚信。

服务永远建立在诚信之基上，缺失诚信环节的创新只能变成流于形式的讨好，往往失去服务的本质。

人们对诚信一词都不会陌生，甚至并不认为这是服务领域应该创新的方向，但这一所有服务人员都应遵守且严格执行的准则在资本运作影响服务质量的氛围下却成为企业难能可贵的品质。尤其是在面对一些原则性的挑战时，坚守诚信也需要有更适当的方法。

历史悠久的英国航空公司曾遭遇过一次品牌信用的挑战。

当时，恶劣的天气导致机场大部分飞机都处于延误状态，英国航空企业旗下一架从伦敦飞往东京的波音747客机008号班机又出现了机械故障。排除故障大约需要10小时，恶劣的天气状况何时结束无人能知。为了不延误旅客的行程，英国航空公司尽量安排旅客乘坐其他值飞同一条航线的航班。旅客们对航空公司的做法大都表示理解，也表示愿意尽快起飞离开，唯有一位名叫大竹秀子的老太太却坚持要乘坐008号客机。

尽管地勤人员费尽口舌，但老太太依旧坚持自己的想法。当时，其他乘客都已经被安顿妥当，如果答应老太太的要求，那008号客机就等于只为她一个人值飞。通常这种情况下，航空公司会为旅客提供其他乘机选择或者为其办理退票赔偿手续。即便旅客有时候对这样的解决方案并不满意，但失去一名普通旅客对航空公司的经营并不会产生任何影响。但英国航空公司的做法却让世界为之震惊。

英国航空公司首先为大竹秀子安排了住宿，在第二天008号客机修好可以起飞时，专程派人到酒店把她接到飞机上。全机组一共21名人员陪着这位唯一的客人飞行了13000公里。据估计，此次飞行英国航空公司的直接经济损失达到10万美元，但负责人却表示，相比起损失的经济利益，在顾客心中丧失诚信反而更加危险。

从顾客的观点来看，既然自己已经产生了消费行为，商家在发生交易时做出的承诺就应该全部达到，这是最基本的商业规则。有的商家经营不好，通常是因为眼中只看到蝇头小利，却忽略了对于企业来说，信用才是最好的利润和发展资本。

很多商家以及服务人员在最初接触顾客时，为了促使顾客能尽快达成交易，往往会许下许多很难实现的服务承诺，总是极力强调购买产品后顾客会得到什么好处，试图用糖衣炮弹来攻下顾客的防御堡垒，然而这些"美丽的谎言"却不是因为出自提升服务的考虑而做出的承诺。

一旦这些承诺实现不了，或者商家的所作所为和承诺并不匹配时，顾客由此产生的负面情绪就可能招致比赔偿更糟的后果。尤其是一旦惊动媒体舆论，当所有的负面信息联合起来只为揭穿彼时服务人员的假嘴脸，商家就会因为某些员工一时的不良行为而不得不承受所有的过错和损失的后果。

真正的服务需要问心无愧，是一种诚心诚意的付出。商家在提供服务时做到诚信，比任何形式的服务创新都更为重要。在越来越多商家不断寻求服务创新的年代中，本分老实的恪守诚信本身便是一种创新方式。

想要保持诚信服务的本色，首先要保证企业中从上至下每一个员工在面对顾客时都必须做到说话算话，不轻易做出承诺，一旦承诺后一定要更努力地兑现。即便有些承诺看起来很难做到甚至会给公司带来更多的经济损失，正如英国航空公司的案例，但既然做出了承诺，就要不惜一切代价去实现。也许商家因此会损失经济利益，却能赢得顾客的尊重，也是在为以后获取更多经济利益做铺垫。

如果因为其他原因导致承诺无法兑现，一定要及时对顾客做出补偿，此时花一定的代价去挽回信誉比将来花费更多的代价去拯救危机要更划算。事实上，当自身的利益受到损害时，没人愿意去聆听无休止的道歉，唯一且有效的补救方式便是足够的经济补偿。如果顾客为商家未兑现承诺纠缠不休，那只能说明补偿的金额还不够多。

在经营方面，凡是可以用金钱解决的问题一定要尽快解决。如果问题上升到诚信的高度，再想花钱挽救服务便难上加难了。

电商网站的"无条件竞争"

可以说，一家企业的兴衰取决于其固定顾客的购买力到底如何，因此，服务的基本责任之一便是帮助企业培养更多潜在顾客成为忠实的消费人群。为这些人群提供优质服务是留住顾客的关键。

顾客进店本是为了消费，即便闲逛也总是会选择与自己兴趣爱好相投的店铺。但实际上任何一位具有消费能力的顾客其实都是善变的，当他们对资金具有足够灵活的掌握时，他们在进店前已经做好的决定在进店之后往往会发生非常大的改变。所以很多顾客常常会感叹，明明只是想去买一袋洗衣粉，回家时却变成了超市大抢购。

为什么会出现这种现象？

答案很简单，顾客的消费是具有盲目性的，其在很大程度上会受到销售人员的引导和诱惑。或是降价促销，或是购物买一送一，或是第二件半价优惠，种类繁多的促销方式会让顾客觉得自己不买就等于亏了，由此才会出现不由自主地"买买买"的现象。淘宝"双十一"购物节造就的一批

"剁手党"，可以说就是这种消费怪象的典型体现。

网络购物的兴起让顾客足不出户就可以接触到更多琳琅满目的商品，有几人能控制住心中蠢蠢欲动的欲望猛兽呢？

人们内心深处压制不住的消费欲望，是每个商家都看重的营销服务重点。

知名购物网站京东网在创立之初，为了抢占市场曾做了一次满减活动。活动规则很简单，顾客只要在京东网站上购书达到一百元，结账时将自动扣除一半的金额，也就是只需用五十元便可以买到一百元的商品。为了刺激消费热情，京东还为不同购书需求的人们提供了不同级别的满减档次，分别为满一百减五十、满两百减一百、满三百减一百五。如果顾客还想得到更多的优惠，只需要重新注册账号再下单，就可以再次以半价的方式购得自己所需的商品。这一巨大的优惠政策一推出，人们一时间购书成疯。

但事后京东统计的相关数据却显示，如此大的促销力度并没有给京东带来多高的营业额。而另一项数据显示，京东的用户数量在短时期内出现大量增长。更令人意外的是，图书产品虽然没有实现盈利，京东主营的电子类产品却卖出去不少。原来，很多顾客在逛网站寻书的时候，通过弹出的推荐信息经常会发现自己缺少一款合适的鼠标，而京东恰好有自己中意的鼠标。通过很多类似的意外消费，京东以这场简单粗暴的营销服务方式成功抢占了消费市场，并且实现了卖出更多产品的目标。

京东推行的营销服务模式制胜的关键在于有效地抓住了顾客的消费盲点。当商家把货物全部推送到顾客面前时，顾客往往会失去自己做主的能力，被大、全、优的服务模式绑架。作为百货类购物网站，一旦抢占到足够的市场，京东就只需要为顾客提供尽可能多的商品，以便顾客在同一个网站可以一次性地满足自己所有的购物需求。

京东还推出了七天之内无条件退换货的服务，这又是一记服务重拳。顾客只需坐在家中用鼠标轻松点击几下，便可以安心地坐等收货。如此便捷且高效的服务方式，完全可以超越传统的商场式购物。

更为关键的一点是，京东推行的这种"无条件购物"模式，把购物和退换货的自主权完全交给了顾客本人。商家仅以平台的身份为顾客提供货物，真正对购买行为起决定作用的还是顾客自己。

只提供商品和品牌推荐，却从不做引导性消费，这是京东与淘宝最大的区别。因此顾客在京东购物时很少有对卖家恶意打中差评的事件，由此提升了消费满意度。如果顾客不想要已购买的商品了还可以无条件退换，那为什么不去尝鲜一下自己心仪的商品呢？

>> 链接

京东制胜法

京东诞生后能够在短时间内从已经群雄割据的市场上分得一杯羹，得益于其市场运营者对顾客消费心态的精准研究。在价格战赢得了市场信任后，为了维稳已得江山，京东在后期发展上做到了以下几点：

第一，定期开展多种形式的促销，以更低的价格继续攻占消费市场。

在后期经营上，京东出现了以"6·18"店庆为主的多个节日促销活动。既然顾客喜欢低价，那就以低价来薄利多销。在顾客面前，任何商家都不需要做出高冷姿态，适时的降价才能更好地满足顾客的拥有欲。

第二，同质产品的价格永远比竞争对手要低。

这一点至关重要。顾客购物时最关心两点，一是价格，是质量。在质量同等的前提下，自然会选购价格更低的品牌。其实，每个商家所定的价格都必定要保证自己有足够的营利空间。优秀的定价策略不仅要参考顾客的心理预期和消费能力，更要把竞争对手的服务模式和定价水准参考进去，才能形成人无我有、人有我优的竞争优势。

第三，只有为顾客提供最大便利性的企业才能有立足的空间。

京东建立有属于自己的庞大物流体系，凡是京东自营的产品都由京东自己的物流配送。这样可以保证顾客的订单从出库到配送完全由一家企业掌控，在配送时间上也能做到精准推测。基于此，京东又推出了次日达和当日达服务，总是以最快的配送速度满足顾客渴求。

第四，化繁为简，京东把原本需要一整套程序的退换货方式简化成一句话的理由。

顾客收到货后只要一句"我并不喜欢"或"我不想要了"就可以拒绝付款且退单。由此产生的一切费用完全由京东来承担。顾客可以完全随自己的心意想买就买、想退就退。

真正的服务一定要主动去满足顾客的所有可能性需求。对于一家企业来说，做到这四点内容中的某一点并不算太难，真正难的是可以把四点完全集中于一家企业身上。正是因为于看不到之处抓住了顾客多方面的需求，所以京东网才在竞争激烈的电商中迅速崛起。

第六章

好服务，
你做的远远不够！

服务是员工的必修课

服务涉及两方面的要素：一个是顾客，他们进店消费的过程便是需要享受优质服务的过程；另一个是服务者，为顾客提供优质服务是每一个服务者的基本工作内容，同时也代表着一家公司和企业的品牌形象。企业要树立好的公众认知，首先就要把服务当作每一个员工的必修课。

让每一位进店消费的顾客都能享受到令自己满意的服务，是使他们记住品牌的最佳方式。不论公司的企业文化是什么，服务都应成为公司最重要的品牌形象。任何一种具有特色的服务形式都可以成为品牌的象征，如微笑服务或快速周到的售后机制等，只要努力去做，必定会得到顾客的认可。

在把这些服务品牌推向顾客之前，每一个管理者都要让员工明白服务是什么、当下的服务还存在哪些值得改进的地方。只有明确自身的优劣，才能在此基础上寻找到服务优质化的方向。

很多企业都有一套属于自己的完整服务理念，却无法赢得顾客的欢心。当在服务上的投入无法为企业换来更好的经济利润时，原因不外乎两个方面：一是企业没有明确的服务意识和服务方向；二是员工还没有树立起优秀服务的素养。

当企业缺乏优质服务的基因，不把顾客放在经营的第一位，由此就缺少了建立起优秀企业文化的根本。在没有服务意识或者服务方向错位的企业中工作，员工们从不会把顾客放在首要的位置上去对待，甚至会将服务当成一件被迫的工作去做。没有主动性，永远也不会诞生优质的服务。

想把服务品牌推出去，首先要让所有的员工都树立起优质服务的意识。提供优质服务理应成为企业从上到下每个员工的必修课。

但并不是所有的员工都具有高度责任心和主动服务的意识、能力，这就要求企业应提供一套行之有效的培训课程，帮助且严格要求每一位员工必须把优秀的服务观念体现在自己日常的行为中。只有把服务的意识铭刻在内心深处，把主动去服务培养成一种行为习惯，才能为优质服务的诞生提供可能。

也许有的员工对这样的强迫行为会产生逆反心理，但企业的管理层有责任让员工明白，服务做不好，不但会让员工个人的饭碗不保，更会因此砸了整个公司的招牌。在力争为顾客提供优质服务的过程中，每一个管理层的人员都有带头去做的责任。榜样的力量远胜于枯燥的说教，当老板或高管以亲身行动示范服务的标准时，员工受到的激励作用会非常大。

要提升员工的服务意识，服务的优劣需要亲身感受。条件允许的话，公司可以带领员工到优秀的企业去亲身感受优质服务和差评企业不完善的服务带来的不同体验。在优劣服务的差异比较下，员工很容易感知优质服务的重要性，从而更明白自己身上承担的服务责任的重要性。

与此同时，企业还应该针对服务的优劣设置一套评价和奖惩体系。义务和权利应该是平等的，付出后理应得到收获，额外的奖励会避免员工产生只做基本工作的懒惰思想。

当所有员工都能自发地为顾客提供好服务，优秀的企业文化也将不建自立。企业的荣辱和员工个人的利益得失密切相关，所有利益产生的源泉最终还是要归结到顾客的需求能否得到恰当满足这一命题上。所以，服务既是员工的必须课，更是企业长远发展的要诀。

服务需要跟着顾客"跑"

　　既然服务的终极对象是顾客，想做到优质服务，就要随时能够根据不同顾客的不同需求去改变服务的模式。只有主动适应顾客，才能使服务更契合顾客需求，更好地完成服务的使命。

　　服务的方向必定是顾客的需求。尽管有千万种方法可以使服务变得更加优秀、更加贴合人心，但优秀的服务人员超越常人之处在于，他们从来不受制于具体的方法和规则，只是把顾客的需要作为服务的第一要义。

　　推销一款产品，首要考虑一下这款产品的受众是谁，确定好销售对象后再着手去制定相应的推销策略。向顾客介绍产品，不能只想着以什么价格销售能获利，而要着重向顾客介绍该产品给他的生活和工作带来的便利性。

　　与顾客打交道前，服务者首先要变身成顾客愿意与之交流的对象。服务者的言谈举止一定要符合顾客的审美观，这是产生信任的基础。

　　其次，要确保所提供的产品和服务确实是顾客所需要的。服务对象是决定营销成败的重点，跟着顾客的不同喜好去调整服务的方式和服务的内容，才是成就好服务的唯一方法。

所以在提供服务之前要先去了解你的顾客，了解他们进店来的基本需求是什么，以做到有的放矢。当顾客并没有非常明确地提出消费目标时，服务人员可以根据自己的经验及时地为顾客提供一些具有选择引导性的推荐，再通过深入的谈话帮助顾客确定具体需求。在服务正式开始之前，花一点心思去了解顾客的想法，更有利于抢得服务制胜的关键点。

要了解顾客，需要引进心理学层面的内容。因为服务本是一场攻心之法，所以要尽一切可能提前了解顾客内心深处的渴望。这种渴望并不是指对具体产品和服务的追求，而是其精神上的向往，如对健康、安全、成就、尊重的希求，以及对爱心、保护、影响力等方面的付出。任何产品在具有使用功能的同时还必须具有满足顾客某方面心理需求的特质。正是因为顾客心理上对某种情感存在渴望，所以才会产生对相应产品的需求。当顾客体会到精准的私人化专享的服务时，自然会产生心理上的满足。

服务人员有必要也有义务为每一位顾客提供具有吸引力的服务内容。只有服务的内容具有吸引力，才能把潜在顾客的目光从光怪陆离的诱惑中召唤过来。每位顾客都是具有探索欲的，都是喜欢新奇事物的，服务者只有懂得吸睛之术，才能召唤到属于自己的专属服务对象。

服务人员的日常举止要注意这几点要求：

1. 服务方式一定和所处的周边环境有密切关系，只有把服务方式和环境相融合，如在娱乐场所就要主动强调服务的娱乐性，在办公场所要注重服务的高效性，才能使服务可以更好地赢得顾客的注意。

2. 不论何种情形，服务人员都要做到始终面带微笑。与顾客交谈时，目光需要投向顾客，确保与顾客之间有即时的非语言交流，这可以从侧面有效促进服务双方的好感度和信任度。

3. 最重要的一点是，做服务必须先主动，才会换来顾客的主动交流。

做好这几点，也就做到了优质服务的基本功。

做一个会说话的服务者

服务是交流的艺术，交流必定离不开语言交谈。每一个服务人员都要掌握一定的语言交流技巧，每一位顾客都希望能从服务者身上得到更好的服务，某一次服务是否令双方足够满意，重点便在于服务者能否用好嘴巴。

但凡顾客向服务人员提出问题时，他们想听到的一定是以尊重为前提的详细解答。这就要求服务者在处理相关问题时不但要对自己本身的业务相当熟练，更要掌握遣词造句以及语气、语调上的节奏感。处理同一件事情，因为语气节奏的不同，结果可能造成天翻地覆的差异。生活中这样的事例处处都有，引起商家和顾客发生矛盾的有时仅仅是一句本不该出现的错误语言。

任何顾客都希望从服务者身上得到更好的服务。在每一个顾客都有可能成为负面消息传播源的当下，服务者更需要注意说话态度，通过改变说话方式来提升服务质量。

　　说话是一门非常深奥的艺术。语气运用得当、语言又足够贴心的服务是每个顾客都愿意接受的。想要给顾客留下直观的好的服务印象，服务者需要做到四看：看场合，看顾客，看语速，看情绪。

　　看场合，要求服务者说话的语气、语调和音量要根据不同的环境进行调节。如在非常嘈杂的环境中，服务者就需要适当提高说话的音量，避免顾客听不清楚自己的讲解。相反，在相对安静的咖啡厅或者图书馆，服务者就要以轻松的语气、较慢的语速来回答顾客的提问，只要让顾客能够听得清楚自己的声音即可。

　　看顾客，是指在回答顾客的提问时，服务者一定要保证自己的目光始终落在顾客身上，绝不能顾左右而言他，或者只忙着干自己的事情，却头也不抬地回答顾客提出的问题。眼睛被视为心灵的窗户，如果连窗户都舍不得打开，又怎么能够走进顾客的内心呢？

　　看语速，指在说话的时候注意自己的语速，既不能太快又不能太慢，每一句话、每一个字都要说清楚，确保顾客完全听到并且听明白了自己要表达的意思。在和顾客沟通时，一定要随时注意顾客的反应，看其是否有不明白的地方。要适当放慢自己说话的语速，每一句说完后留出一定的停顿，给顾客思考的时间。如果顾客还存在疑问，可以示意对方及时提问。

　　看情绪，是指不论面对什么样的顾客，服务者都应该保持和颜悦色的服务态度，保持自己的职业素养。纵然每个人都有情绪波动，但坏情绪不应该带进工作中，更不应该把负面情绪传递给顾客，这样服务的效果必定为零，甚至还会因此而得罪顾客。优秀的服务者通常会以最积极的态度去面对每一位顾客。当人处于积极情绪的状态时，说话时的语气也会变得更柔和，也就更容易打动顾客的心。

在开始工作之前，每个服务人员要调整好自己的心态，尽量把和工作不相干的事情先忘诸脑后。面对顾客，做一个懂得说话艺术的服务者。服务是一项工作，但对顾客来说，服务更是心与心的交流。心灵的沟通才是服务的最高艺术表现，而语言是把这一艺术形式表现出来的唯一手段。会说话的服务，才是做好服务的基本标准。

>> 链接

教给你说话的艺术

赞美是合乎人性的法则，适当地给对方以语言上的赞美，通常会使对方感到开心、快乐，给出赞美的人往往也会因此收获感恩。在提供服务的时候，每一个服务者都要学着去赞美服务对象，永远不要嫌弃赞美的语言太多，因为服务本身就是一场有关于美的艺术。

服务时，最基本的要素是语言，赞美也通常体现在语言上。著名作家高尔基曾经这样说："作为一种感人的力量，语言的真正美，产生于言辞的准确、明晰和动听。"这三点，也正是服务性赞美所要精准把握的方向。

1. 如果有请求，一定要把"请"字放在最前面。

在日常的服务中，要主动给对方以美的语言表达方式。这并不是指要去刻意把眼前的事物虚伪化，真正的美是建立在客观实际的基础上的，是以对顾客的尊重为基本前提的。在和顾客交流的时候，尽量多用"请"字作为每一个祈使句的开头，如"请问可以点餐吗？""请走好，欢迎再次光临"等。一个简单的"请"字，可以体现出服务者的礼貌和态度。当一方要"请"另一方做事时，其实已经将被"请"者尊贵、显赫的身份彰显出来了。

2. 当顾客做完一件事情后，服务者要及时奉上"谢谢"二字。

懂得感恩于顾客的服务人员，才是有教养且有风度的，这更体现出整个企业文化以人为本的前提。顾客愿意前来消费，并不只是想要听到一声"谢谢"，而是被企业文化所吸引。所以服务者在说"谢谢"的时候要言为心声，每一句从口中说出来的话都必须是自己内心真实情感的表达，同时还要做到声情并茂且表情恰当，切忌过分夸张和生硬的表演性服务。

3. 学会及时说"对不起"。

很多具有丰富服务经验的人也通常会羞于和顾客说"对不起"，这三个字代表着自己的工作出现了过错。一声"对不起"，就有可能给服务者自身招来不必要的麻烦。

这样的想法明显是错误的，这是推卸责任的表现。在面对顾客时，不论是不是属于服务者的责任，只要顾客在消费过程中出现了不满意，服务者都要及时奉上"对不起"三个字。这不仅仅是表达歉意的方式，更是在无形中使顾客得到"顾客就是上帝"这一服务理念的尊享体验。一句及时的道歉，可以提前浇灭顾客因对服务不满意的怒火。

如果仅凭一句话就可以化干戈为玉帛，那又何乐而不为呢？

4. 要把亲切的问候经常挂在嘴边。

当客人出现在视线范围之内，在大约还有三五步之遥的时候，服务者就应该提前主动和对方打招呼，并奉以"你好""早上（下午）好"等问候语。一句简单且亲切的问候，体现出来的是服务人员的魅力和附加值。当客人走进店内后，每一个服务人员都把家常问候挂在嘴边，顾客此时的心理体验将会远超过自己实际享受到的服务内容。每个人都希望在充满尊重和关照的环境中生活，即便是消费也不会例外。及时给顾客提供如朋友一般的照顾和关心，如"路上湿滑请慢行"等关照语，可以消除顾客的陌生感，其对服务人员做出的产品介绍也会因此而更受信任，最终有利于促进消费行为的达成。

欣赏顾客、赞美顾客，是一项使顾客能感受到极大快乐的服务方式。人人都渴望听到真实的赞美声，但赞美不是无止境的阿谀奉承。过分的赞美反而会让服务贬值。服务者和顾客交流，要注意把握好赞美的尺度和分寸，要把赞美和吹捧区分开来。

顾客对赞美的接受程度因人而异，服务者赞美对方所使用的语言也会因不同的服务对象而有所区别，雷同的赞美形式只能证明服务的无力和苍白。

真诚的赞美，更需要技巧。在称呼客人的时候一定要得体妥当，不能引起误会和歧义，更要杜绝带有人格侮辱的称谓。平时和客人交流，尽量使用客人所熟悉的母语交流，这会帮助服务者快速拉近和顾客之间的心理距离。如果能够记清楚每一位顾客的姓名，会让服务更有针对性，也会使顾客更能感受到尊贵的服务体验。

说话的艺术远不是以上这些内容可以概括完的。在平时的服务中，只有对每一个细节都进行严格的把控，最终所展现出来的服务一定会令人心生感动。

好服务也有"五不"禁区

服务是为顾客提供便利，商家和服务人员要尽最大努力去满足顾客的要求。服务最基本的目的是让顾客开心，只有达到了顾客心中所期望的服务值，才能换来对方心安理得的消费。面对顾客提出的需求时，即便出现一些不合规定的内容，每一个服务人员也都要做好"五不"原则，坚持为每一位顾客展现出优秀的服务素质，以自身的实际行动赢得顾客的尊重和信赖。

原则一：永远不要去抱怨顾客。

即便责任在于顾客，也永远不要抱怨顾客。在服务的过程中，有些意外是无法避免的。服务者应该坦然接受无法转变的现实，并努力去对已经发生的问题进行补救。

之所以要求服务者不抱怨，是要避免把负面情绪传递给顾客。心理学上有一个名词叫"踢猫效应"，是指人的情绪会受到环境以及一些偶然因素的影响。当一个人的情绪变坏时，潜意识会驱使他选择下属或无法还击的弱者发泄。这样就会形成一条清晰的愤怒传递链条，最终的承受者是最弱小的群体。一旦发生这种情况，整个企业的服务人员都会被坏情绪传染，最后返还给顾客，服务恶果也将由此产生。

原则二：永远都不要去和顾客争对错。

服务的本质是服从，是需要按照顾客的指示去提供便利。当顾客提出合理要求时，服务人员当然需要无条件服从。如果顾客的要求不太合理时，最优质的服务依旧会要求服务人员尽可能去帮助顾客解决问题，而不是去说"不"，避免和顾客争论其提出的需求是否合理。

在服务业中有一个观点认为"有理是训练，无理是磨炼"，在为顾客服务时，服务人员永远都不可能和顾客处于平等的地位，但这是一种合理的不平等。因为顾客是付钱消费的，服务人员和顾客产生的是交易，交易的目的是要赢得顾客的开心。服务理念就是，顾客永远是上帝。要做到这一点，需要服务人员充分并精准地理解顾客的需求，理解顾客此时的想法和心态，同时还要理解顾客产生误会的原因。如果服务人员能够做好这三个"理解"，顾客一定能由此得到服务的享受。

原则三：即便是优质服务，也不要服务过度。

顾客在消费的时候，希望体验到宾至如归的感觉，而不是希望被捧得高高在上。过于殷勤的服务，反而会让人产生不适应甚至还会让人怀疑服务人员是否别有所图。服务人员需要记住一点，顾客需要有足够的私人空间，要和你的服务对象保持适当的距离，在引导客人时通常需要保持1.5米左右的距离，这会使顾客感觉到服务的周到。

另一方面需要注意，服务在表现出热情、周到、体贴、善解人意的同时，不要刻意提供服务而干扰了顾客消费的心情。经常会有住宾馆的顾客抱怨，明明自己想要休息，却总是接到没完没了的服务推介项目的骚扰。尽管热情，但这样的服务却是过犹不及。

原则四：服务不能以貌取人。

这是老生常谈的话题，但在服务行业中以貌取人的做法却非常普遍。当一位陌生客人出现时，服务者通常会根据顾客的外表和穿着来决定要为其提供何种等级的服务，这是服务的大忌。

服务应该是以同样的态度去面对所有的客人。尽管每位顾客消费的等级不同，但区别只应存在于所提供的服务内容上，而非服务者的服务态度上。当以端正的态度去面对每一位顾客的时候，才能以最真诚的服务换来顾客的诚心。以貌取人的服务往往是出于服务者的自我判断，却不是建立在事实上的依据。一旦在这个过程中出现偏差，都会把服务引向歧途。

在面对新老顾客的服务中，坚持做到并做好"五不"原则，会让顾客享受到更为真实且脚踏实地的服务。

用"刷马桶精神"弥补服务瑕疵

顾客就是上帝。在"上帝"看来，因为花钱消费了，所以理应得到更好的服务。因此商家在努力为顾客提供好服务时，或许并不会因此而受到顾客的感谢和感恩。但如果服务人员因为不小心而导致服务不到位，通常会引来顾客的埋怨。在交易中，想要得到顾客的青睐，就必须将服务做到完美。任何一个细节上出现疏漏，顾客都有可能会毫不留情地转身离去。

在服务的领域中，从来就只有百分和零分的概念，非赢即输。曾有权威人士做过一项调查，得出来的结果令人吃惊。如果服务令某一位顾客满意，他会把自己的愉快体验告知给身边的九个人，其中大约有六个人会受到好口碑的影响而进店消费。也就是说，优秀的服务可以带来六倍的经济收益。

但如果因为服务不到位而引起某一位消费者的不满，他同样会把自己非常糟糕的消费体验告诉给身边九个人。令人遗憾的是，这九个人通常都不会再到该店来消费了。恶劣的服务造成的经济损失将达九倍之多。

　　这就意味着，不论在什么情况下，企业都要努力做到完美服务。只要服务中存在微小瑕疵，其辛苦建立起来的信誉度就会荡然无存。由此可以体现弥补服务瑕疵的重要性。

　　提供服务的基本单位是个人，人总有犯错误的时候。尽管最初的出发点都是善意的，但在提供服务的过程中总会受到各种因素的影响，进而导致无法把服务做到尽善尽美。当服务出现瑕疵，重要的是如何弥补，而不是推卸自己的责任。当面对顾客的埋怨和指责，勇于承担起责任，在道歉之后积极为顾客寻求更为合理的解决之道，往往会赢得顾客感情上的认同。服务提供的是实质性消费，但被服务者得到的却是情感上的感知。一旦顾客被打动，服务的瑕疵也就容易弥补了。

　　修补服务瑕疵时，服务者需要具备"刷马桶"的精神。当马桶出现污垢时，虽然会泛出阵阵恶臭，但为了下一次使用舒适，人们不得不耐心忍受着臭味一遍一遍地清洗。服务瑕疵引起的顾客投诉就像是马桶中泛出的令人厌恶的味道，此时如果丢弃不管，臭味将会越来越严重。如果服务者可以耐心地一遍遍尝试用多种方法弥补损失，再苛刻的顾客也会因此而被感动。

　　而且，即便是洗马桶，也要做一名出色的清洁工。不论何种服务行业，比既有服务更重要的是去修补服务上的不足之处。即使无法提供完美的服务，也不应该借此而失去了追求完美的态度。

　　此时，应该做到以下几点：

　　1. 不论面对什么情况，始终保持微笑。服务人员的笑容一定要充满亲和力，要抛弃唯利是图的心思，把顾客当成是老朋友一样对待。

　　2. 一定要注意细节问题，如主动为流汗的顾客递上纸巾，这样一个小动作或许可以轻松地减轻顾客心中的怒火。服务的成败基于细节是否到位，只有不放过任何一个小细节并致力于改进，才会赢来顾客的尊重。

3. 服务不是一个人的专利，在适当的时候要借由优质服务团队的力量，全方位为顾客解决问题。更快、更准、更好的服务是处理服务瑕疵并重新赢得顾客信任的最佳方式。时刻记住，团队作战的力量要远胜于一个人的单打独斗。

4. 即便只是服务中的小失误，也要把顾客的反应当成头等大事来对待。这是对顾客的基本尊重。对于服务瑕疵，售后部门必须"小题大做"，这不仅是为了重新赢得顾客的信任，更是为了警戒内部员工，后者比前者更重要。

企业在致力于为顾客提供尊享服务的同时，更要致力于减少顾客的损失。服务并不是让顾客必须打开钱包购物，而是让顾客在选购过程中尽量省去不必要的麻烦。有能力且乐于弥补服务瑕疵的企业往往会因更敬业的态度得到顾客的青睐。顾客购买的产品终有保质失效的一天，但他们从企业中享受到的优质服务却不应有过期日。

顾客是企业的衣食父母，企业全力以赴帮助顾客减少经济和情感损失，实则是帮助自身降低顾客流失率。一旦顾客对某品牌产生了信任，而企业又一直努力地去维系这种信任，顾客就忠于该企业的品牌，有时甚至还会自发地帮助企业渡过危难时刻。这就是优质服务带来的品牌力量。

>> 链接

道歉也要懂技巧

服务过程中并不怕出现错误。只要知错能改，及时向顾客道歉，就可以在一定程度上弥补已经造成的过失。

而在真实的服务售后体系中，服务人员收到的投诉往往不是一句简单的"对不起"就可以解决问题的。在遇到更复杂的情况时，如何快速有效地赢取顾客的重新信任，并且在让对方感受到自己发自内心的歉意的同时能把事情圆满处理好，是一门非常有技巧性的学问。

面对怨气冲天的顾客，道歉往往并不容易。

首先，服务者一定要勇于承担自己的责任，甚至要敢于代表企业承担相应的指责和投诉。道歉不是为自己赢得辩解的时间，更不是为了骗取顾客的宽恕。只有勇于承认过失、承担责任，才能为真心道歉打下基础。

面对投诉的顾客时，即便错误不在于服务者，此时也不是去寻找错误源头的好时候。当服务者把问题归结于人力无法抗争的客观因素时，即便真实的情况果真如此，也只会让顾客认定你是在推卸责任。

道歉时要注意语言中一定不能出现令对方感觉不愉快的字眼。道歉需要明确认识到错误的所在，直截了当地道歉远比拐弯抹角地认错更让人信服。

其次，面对已经发生的事情需要提早做出预警提示，这要求服务者用自己的嘴说出顾客原本想说的话，这会让本打算投诉的顾客觉得你已经站在他的立场上去考虑问题了。情感上的认同是彼此更好沟通的基础。

此时服务者可以说："我知道我们的服务没有满足您的要求"或者"我也能体会到您对这样的结果不太满意"，顾客往往并不是特别在意服务不到位而对自身造成了损失，更是觉得自己的真心没有得到认同和足够的尊重。他们之所以投诉，是想为自己的情感寻找到合理的寄托。

最后一步，是尝试用更好的方法对已经造成的恶果进行补救。通常服务中很少出现无法补救的恶果，即便如此，道歉时也要着重强调因为自己或公司其他员工的工作失误造成了错误，并对顾客因此遭受的损失表示歉意。当遇到已经很难或无法挽回的结果时，要尽力尝试补救，此时的补救态度比补救的结果更重要。

在做出补救措施的同时，要让顾客知晓企业所有服务人员已经从中吸取了深刻的教训，保证今后不会再犯同类的错误。

在道歉过程中，以上三个步骤循序渐进且缺一不可。只有勇于承担责任，在与顾客沟通的过程中更多地去关注结果并为之付出最大的努力，由此产生的道歉和赔偿行为是容易让人理解的，甚至会让顾客对自己之前的情感暴力行为产生歉意。

也有些顾客是非常难于沟通的，即便是发自内心的真诚致歉也无法感动他们，但细细寻思，是不是因为我们的道歉方法有问题才让顾客无法接受歉意呢？

道歉对技巧的要求非常高。

第一，道歉的语言一定要文明且规范，用"深感抱歉"等词汇来代替毫无感情可言的"对不起"，能让顾客更易接受并产生认同感。道歉的目的是渴求得到对方的原谅。服务者需要把这份渴求鲜明地表达出来，"请您多多包涵""请您多加谅解"等用语道歉时一定要挂在嘴边。

其二，发现错误时要在第一时间表达出歉意，切莫等到小问题已经发酵成严重的后果时才不得不道歉。这样做只会让顾客的埋怨情绪更加炽盛，也会让已经造成的问题变得更加难以沟通。

其三，虽然道歉的一方处于劣势地位，但服务者在道歉时还是应该保持落落大方的姿态，既不过分贬低自己，又不过分拔高顾客的"上帝"身份，否则可能引起某些恶意顾客得寸进尺。

第四，道歉不必执着于简单的词语表达，适当借助于身边的小物件的帮助通常会起到事半功倍的效果。书面道歉的形式比口头道歉更正式，而适当地为顾客送上一束鲜花或其他小礼品来表示道歉的诚意，往往能让致歉的效果更好。

最后，道歉并不是万能的，一句"对不起"并不能把事情完全解决好。在道歉的基础上确保以后的行为会有所改进，才能使道歉和赔偿具有实际意义。让道歉流于形式，或者仅是为了早早打发走一位难缠的顾客，在这些思想指导下敷衍地道歉，日后上门找麻烦的顾客可能越来越多。

让顾客享受等待时间

服务过程中的等待往往是不可避免的，一旦对服务的需求超越了服务的运作能力时，就会出现等待。顾客等待被服务的时间的长短直接关乎一次消费的心情及对服务的基本评价。

没有任何一家企业希望得到顾客的负面评价，也没有企业从本心上愿意让顾客多等待。为了减少因等待时间过长而造成的负面影响，企业需要改善现有的服务系统，要为顾客提供更及时、更便捷的服务体系。

顾客在不得不等待消费时常会产生一个奇怪的时间差，即实际等待的时间和顾客心理感受到的等待时间是不相等的。通常在遇到以下几种情况时，顾客会感到等待的时间比实际时间更长：

1. 在静止中等待，顾客极容易感觉到无聊，甚至会产生空虚感和失望感。

2. 如果顾客在等待时有焦虑情绪出现，随着等待时间的逐渐延长，焦虑感会越重，对服务产生差评的可能性也就越大。

3．顾客往往可以接受明确的、具有预见性的等待时间，但却无法接受毫无解释的、说不清具体时间和原因的等待。这种情况下的等待会让顾客觉得自己的时间和行为完全不受自己掌控，甚至还会让顾客感觉等待是毫无意义的。如常见的飞机晚点，此时通常无人出来解释原因，就很容易引起顾客的烦躁情绪。

4．言而无信的等待最让人感觉厌烦，甚至会让顾客起身离开。顾客耐着性子等待一定时间后却被告知还要继续等待，会让顾客觉得服务人员言而无信，更会认为自己没有被商家放在值得尊重的位置上对待。

5．如果在等待中遇到插队，而且是服务人员为某些VIP用户插队，就会让普通顾客觉得自己得到的是次等待遇。即便排队轮到自己，顾客也会产生抱怨的情绪。

基于这五点内容去改变服务的方法，能让顾客的等待心理差变得更短。此时，企业或商家在服务时要遵循公平、公正的原则，适当分散正在等待的顾客的注意力，为其提供一些可以消磨时间的消遣娱乐活动，这些措施可以有效缓解顾客在等待过程中产生的焦虑情绪。

既然等待往往是不可避免的，在力争让顾客更享受等待时间的同时，为了提高顾客对服务的评价，商家就要能有效管理顾客的等待时间，使其在等待中也能得到优质的服务。

首先，尽量优化自身的服务流程，提高服务的效率，以最快、最有效的方式为店内的顾客提供服务，尽可能减少其他顾客的等待时间。可以在顾客等待区域中增加专门针对这部分顾客的特殊服务而充实其等待时间，甚至让顾客乐于去享受等待的时间。如海底捞在顾客等待区域内专门设置了扑克牌、跳棋等简单的益智游戏，使顾客在等待的时候也有事可做。海底捞还专门针对女性顾客提供了免费美甲服务，使许多爱美的女性愿意等待。

在迫不得已出现等待时间时，商家要及时派出相关人员解释具体的原因和大约需要等待的时间。定期的信息传递可以保证顾客具有知情权和选择权，以便顾客可以及时选择其他商家的服务。永远把顾客的利益放在第一位去考虑是商家的责任，而不是为了赚取更多利润故意隐瞒相关信息，最终一损俱损。

在为等待的顾客提供服务时，服务人员的临场控制能力很重要。服务者需要及时掌控顾客对等待的反应，并针对具体情况提出具有预见性的临时服务策略，要保证因等待而产生焦躁情绪的顾客的切身利益。

所有解决问题的方法都建立在有效沟通的基础上，服务不仅是为顾客提供相关内容，更要求每一个服务者读懂顾客的思想、情感及背后的隐藏信息。当服务实现了良好的双向沟通，在等待中也可以赢得顾客的服务好口碑。

吃好服务这碗"青春饭"

很多人对服务行业的印象都停留在"吃青春饭"的概念上，很多本身正在从事服务业的工作人员也会认定自己不可能在这个岗位上长留。这样的思想很可怕，因为从来没有想过在行业内扎根，所以就会让自己的服务流于表面，这就注定了服务无法产生于心，感动于心。

年轻人从事服务行业有其优势。所有人都愿意在消费的时候看到一张美丽的面庞，人们对美的追求是一种天性，服务业恰恰抓住了这一天性。但真正的服务必然不是靠出卖美丽面庞去换来消费的，服务与年龄无关，与漂亮无关，但又对每一个从事与服务相关行业的人的气质要求甚严。

面对顾客的服务人员一般需具备俊美、端庄、大方这三个基本要素。俊美指的是服务人员的外形要标准，妆容淡雅；端庄是指工作时的衣着、体态一定要和工作性质相匹配，不过分浮华，也不显得窘迫；大方主要体现在接人待物方面，服务者既要有主动为顾客提供服务的积极性，同时也需要具备不卑不亢的态度和原则。

具体来讲，可以分为以下几个层面：

第一，从外表上讲，女士的妆容以淡雅、清新为上，男士要记得及时修整须发。上岗之前可以嚼口香糖祛除口中异味，有体味的人要勤洗澡换衣。因为服务人员在外形上一定要让人第一眼就感觉非常清爽。

服务人员的着装要符合"TPO原则"。

T代表"Time"，即着装要和时节相适应；P即"Place"，即着装要分不同的地方场合。出席不同的会议、宣传以及晚宴等场合要有与之相适应的衣服搭配，绝对不能把同一套制服当成是万能。O指"Object"，即对象和目的，面对不同的对象和目的，服务人员的服装也应不尽相同。

简而言之，服务者的衣着服饰应以得体、应景为基本要求，与此相伴的还要有良好的服务态度。面对顾客的时候始终保持微笑，可以更好地展现出服务者的个人魅力，也更容易赢得顾客的信任。

其二，与形象相对的是服务的姿势。服务中的行立坐都是服务力的具体体现，举手投足间要做到举止优雅、端庄得体，力图给人留下稳重、可信赖的印象。

站姿是服务者最常用的姿态，良好的站姿是衬托出服务气质和服务风度的表现。站立的时候要保持站如松的姿态，以整个身体舒展大方的形态为最佳，要表现出积极向上、精力充沛的模样。站姿又可分为肃立站姿、体前交叉式站姿、体后交叉式站姿、体后单背式站姿和体前屈臂式站姿，服务者要根据不同的服务场景适当进行调整。男性服务者在站立的时候要表现出刚健、潇洒的风采，女性则要表现出娴静、典雅的味道。

走姿是最能表现出服务者自身优势的姿态，也是最能暴露出缺点的姿态。在服务中如果需要陪客人一同前进，服务者要以客人为中心，尽量和客人保持一致的步调，如果遇到障碍物或上下楼梯时要提醒客人注意安全。

如果是引导客人前进，服务者要站在客人的左侧前方，使身体保持半转向客人的姿态，两人之间以相距两步的距离为宜。

第三，服务人员的坐姿主要强调两个方面，一是注意入座、离座的先后顺序，一是平时要自觉采用正确的坐姿。

在与客人同坐时，服务者要在客人落座后自己再坐，客人起身准备离开后自己再起身。不论是落座还是离座，都要在座位的左侧进行。正确的坐姿分为以下几种，正襟危坐式（适用于最正规的服务场合）、垂腿开膝式（多见于男性）、前伸后屈式（多见于女性）、双腿内收式（多用于一般场合）、双腿叠放式（适用于穿短裙的女性）、双腿斜放式（女性在较低部位就座时）和双腿交叉式（适用于各种场合）。坐下后尽量保证身体中正，手臂和头部不乱摆，在不同的场合选择不同的坐姿是每一个服务人员都应该具备的基本素质。

与坐姿相对应的还有蹲姿。需要做蹲下动作时，切忌突然下蹲、离人过近或者背对客人。蹲下的时候要屈膝下蹲，而不是撅起屁股弯腰下蹲。这样一个细小的动作如果做不好会显得非常不雅观，更能体现出一个人的素质。

还有一点，服务时使用的手势姿态也非常重要。在为顾客指明行进方向时要横摆手臂，指示物品位置时要用直臂，请人进门的时候要用曲臂，请人入座要用斜臂。如果顾客是人员较多的群体，服务人员可以用双臂做动作来引起所有顾客的注意。在借用手势为客人提供服务时，用到的部位是手掌而非手指，且要保持掌心向下的姿态。

　　这么多看似烦琐却事关成败的细节，一点一滴累积出成功的道路。服务应该是为顾客提供一场美的享受，如果我们因为自己某个细节上的更多关照让顾客产生更多信赖感，这样的服务将成为值得奋斗一生的事业。

为好服务创造好机会

滚雪球游戏中有一个有趣的道理：雪球刚开始滚的时候很难成为球的形状，可一旦滚动起来雪球就会越滚越大。为顾客提供服务和滚雪球是一样的道理，服务伊始，再好的服务也很难在短时间内赢得顾客的心。然而一旦好服务的模式真正运作起来，顾客真切地感受到了服务的妙处，通过口碑传播，人们会争先恐后地来享受该项服务。

在达到最后的理想效果之前，有一个关键点必须重视，那就是可以让好服务更好地被顾客接收到的"机会"。这样的机会存在于细小而琐碎的工作中，有时稍不注意就会错失掉推广好服务的机遇。

通常，在服务内容和服务方式已就位的前提下，一切可以让顾客接收并享受到服务的机会都不应该轻易放过。相比创造服务的特殊性，能够把握住服务和顾客接触的每一个机会显得更为重要。

某些新开通的服务项目往往需要人为地去主动创造机会。在庞大的市场面前，顾客往往没有耐心大海捞针般地寻找适合自己的服务项目，需要服务人员以积极主动的姿态创造与顾客接触的好机会。

著名的销售员乔·吉拉德曾经说过一句话："跟其他人一样，我并没有什么成功诀窍。我只是在销售世界上最好的产品，就是这样，我在销售乔·吉拉德。"在销售任何产品和服务之前，顾客最先接触到的不是商品，而是服务人员，所以服务人员是销售的关键所在。该服务人员是否足够热情，是否可以及时观察到顾客的需求，在服务过程中是否做到尊重、赞美每一个顾客……服务人员的点滴服务行为决定着他能否为商品创造出更好的销售机会。服务是一件主动去讨好顾客的工作，服务工作的完成度取决于服务人员的人格魅力。

乔·吉拉德在把汽车交付给顾客的时候，每次都会拿出25张名片放到新车的储物仓中，每张名片背后都写着自己的联系方式。乔·吉拉德会向每一位顾客宣布："不论您走到哪里，请记住我的话，每次您给我介绍一名客人，您都会从我这里得到25美元的奖励。请一定把您的名字也写到名片后面，甚至您可以请他们先到其他汽车销售店里问过价格后再到我这里来。我不会亏待您，更不会亏待您的朋友。"

简单的一句话让乔·吉拉德的名字成为服务的代名词。为好服务创造机会，意味着要对自己所能够支配的所有资源进行充分利用，甚至包括服务人员自身。当可利用的一切资源都得到了切实运转，顾客接受到服务的机会也就顺理成章地诞生了。

接下来，服务人员要珍惜每一次为顾客服务的机会，并且要将每一次机会都当成第一次服务般地谨慎对待，像最后一次服务般珍惜，要使顾客得到一场完美的服务体验。

服务人员珍惜每一次和顾客接触的机会，就要在每一件细小而琐碎的工作中尽心尽力，不出现过度的埋怨。决定一项服务成败的关键往往不是服务本身的质量，而是服务人员的态度。服务人员自身的素质不仅决定了顾客对产品和商家的第一印象，更直接影响到其对服务的印象和评价。顾客的购买行为与这些评价密切相关。

为顾客提供好服务，在学会推销服务的同时，还要掌握危机补救的方法。服务人员要尽己所能地避免让顾客产生不满情绪。危机补救中强调的是及时性和主动性，还要能根据不同的顾客提出有针对性的补救方法。即便前期服务中有不完善的地方，只要补救工作到位，也可以在顾客的心中树立起好口碑。危机补救也是在为好服务创造机会，因为顾客可以从中更真切地感受到"顾客至上"的感觉。危机服务也是最有竞争力的一种服务策略，它能为服务人员树立起危机公关意识，是每个想做好服务的企业必须考虑的问题。

创造机会、抓住机会并珍惜每一次服务的机会，及时处理好危机问题，在这一脉相承的服务体系下，企业所能提供的服务水准和顾客口碑是相辅相成的。拥有好服务的标准，还需要从顾客的身上创造出施展好服务的好机会。一切好结果源于自我的努力创造，关于好服务的努力应该一直在奔向更好目标的路上行进着。

第七章

课堂之外的
好服务

每一位顾客都值得被认真对待

感动源于每个人的努力

服务是企业生存的信条

好服务基于自信

>> 链接·如何战胜沟通恐惧?

抓住消费天性

引导服务

每一位顾客都值得被认真对待

　　服务者每天要面对的顾客数以万计，要保持微笑并回应每一位顾客提出的相似问题，确实不是一件易事。很多一线的服务人员都会抱怨，"那些顾客的任性要求我只要听了其中一个，之后就会没完没了"。在这种情绪的驱动下，服务者会将拒绝顾客的要求看成理所当然的事情。但被服务的顾客因为自己的要求被无情拒绝了，他们会毫不留情地给服务打出差评。尽管仍有服务人员在抱怨顾客不懂得体谅他们工作的辛苦，但对产品和服务的喜好本就因人而异，而做到认真回应每一位顾客的咨询是服务人员的工作，服务人员应该主动体谅顾客，而不是让顾客来体谅自己。

　　很多情况下，服务并不需要做得非常完美，有时只需要认认真真完成自己的本职工作就足以产生感动人心的力量。认真对待每一位顾客，关键体现在"认真"二字上。

　　商家为顾客提供认真的服务，需要考虑每一位顾客的不同的需求。例如饭店接到宴会订单时，要仔细考虑每一位顾客的不同口味，在菜单设置上应提供出多项选择。

　　某酒店自助餐厅的服务人员曾发现每一餐都会有大量牛肉剩余，由此他推断出顾客中可能有不喜欢牛肉的人，于是及时同厨师协调，对菜品进行更换以避免浪费。这样的服务其实并不复杂，只要服务者善于用一双眼睛去观察顾客的实际消费行为，就一定可以总结出更为贴心的服务规律。

　　服务其实是一种非常感性的存在。在每一个和顾客接触的场合，服务人员都要用心去思考怎样做才能让服务散发出感性的魅力，由此才能接收到来自顾客心灵的回响。甚至在很多年后，顾客想起曾经在某个店面消费的小细节仍然会心生感动。这一类的服务界传奇大都是从服务人员主动关心顾客开始的。

　　面对进店的顾客，服务者可以先主动问好，在顾客心中就容易产生好印象。主动根据顾客提供的要求去挑选产品、主动为其挑选的商品进行包装、主动帮顾客打车、主动询问顾客是否需要更多的服务……这些做法不但可以增强服务人员和顾客心理层面的联系和信赖，更可以为顾客提供多一种消费选择，商家也会因为一句简单的询问而增加创收的渠道，实乃双利行为。

　　但还存在另外一种情况，当服务人员主动为顾客提供更热情的服务时，会得到顾客的拒绝。此时最好的做法是给顾客最大的自由挑选空间，而非不厌其烦地上前推销服务。那样做会让顾客觉得商家是在强迫给自己灌输消费，反而会产生厌烦情绪。

　　顾客可以对商家主动提供的服务说"不"，这是"上帝"的特权，但服务者却永远不要对顾客说"不"。当面对与公司服务内容相背离的服务要求时，及时为顾客提供更多的选择并做好阐释和沟通，比一个简单的

"不"字更让人容易接受。

如果依然得不到顾客的理解，不妨请顾客一起思考更好的对策。让顾客帮忙或参与服务中，本身也是一种特殊的服务款待。顾客会认为服务者首先认真考虑了自己所提出的要求，自身是被尊重的，在碍于多种条件的限制无法实现需求时，服务者还在尽最大的努力去帮助自己。当顾客对服务者的行为产生感动时，一项服务也就在顾客的要求和公司的立场间寻求到了平衡点。

记住，不论面对什么样的顾客，过分坚持公司的立场都是拒人千里的表现。服务人员每天面对的顾客都不同，每个顾客的喜好又千差万别，企业无法按照统一的规则去服务所有人。认真对待每一位顾客，意味着服务人员要把每位顾客的喜好和要求同企业所能提供的服务项目结合起来考虑，从而为顾客提供具有个人化的服务模式。

感动源于每个人的努力

感动服务是所有服务的基础，也是服务的最终目的。顾客对服务的评价是建立在感性基础上的顾客不会用数据和评分去测定自己享受到的服务到底值不值，他们评价服务好坏的标准只有一个，那就是自己的感觉。做好服务的关键点之一就是，尽可能多地为顾客创造感动的瞬间。

在一般的规则和规定下，大部分服务人员可以按部就班地把本职工作做好，但还不足以令顾客产生感动。真正的感动一定存在于规则之外。服务人员若不具备超越既有规则的能力，面对顾客提出的额外要求无法做到随机应变，他的服务一定是令人失望的。

所谓超越服务，就是在顾客尚没有提出明确的服务要求之前，服务人员可以主动地为顾客提供细致的服务，这时就会很容易让顾客产生感动。这需要建立在服务人员与顾客、服务人员与背后的团队良好沟通和对服务的预测的基础上。服务要做到有的放矢，避免做过多的无用功。

沟通的意义在于可以使大家一起努力去发挥团队工作的默契。即使事情属于其他部门的职责，员工也应该站在企业的立场上为顾客提供帮助，所有服务者都必须具备积极、主动的服务意识。服务是一个团队的努力，当团队可以为顾客呈现出最好的服务状态时，在服务效果产生之前，顾客就在脑海中定下了感动的基调。

企业中每一个员工都要在工作中去提醒彼此，优劣互补。当所有的员工都更努力地想为顾客提供更周到、更细致的服务时，顾客也更容易被感动。同时被感动的，还有参与这项事业中的每一个员工。

所有的感动都源于更专业的服务，所有的专业必定源于集体的努力。在这其中，还要把顾客本人的要素也考虑进来，失去顾客的配合，再好的服务也会失去方向。

为顾客提供服务，以自身和企业的服务力感动顾客，要经常思考这几个问题：

1. 顾客有哪些需求是自己没有想到的，或者是已经想到但还没有完善的？

2. 对于已经提出需求的顾客，服务人员应该怎样做才能最大限度地满足甚至超越对方的需求预期？

3. 针对日后的同质性或异质性顾客，自己的服务方式是否具有可改善的地方？

这三个问题是从做什么、如何做及总结经验教训这几个大方向去考虑的。不论个人努力还是团队协作，感动服务的最初方向和最终目标都离不开顾客的需求。优质服务要求所有的服务人员都能精准地预测到每一个顾客的需求点，并在顾客提出要求之前就把服务做到位。感动源于对顾客始终负责的优质态度，这也是整个服务团队的力量之源。

服务是企业生存的信条

以优质服务著称的丽思·卡尔顿酒店有一条服务准则，该服务理念认为，员工和顾客的接触应更加重视人与人的概念，而非商家和顾客的对立。把顾客看成一个值得尊敬的人，用人与人交往时所应持有的价值观去为顾客服务，让顾客不论在什么样的商业场合都能体会到和朋友、家人在一起的放松感，是商家在激烈的市场竞争中更好地生存下去的不二法门。

丽思·卡尔顿酒店以"给顾客最真心的关怀与最舒适的享受"为服务的终极使命，为顾客提供私人化的服务，并将其作为信条。企业给自己树立信条，是为了更好地规范每个员工的服务和工作方式，使企业更好地生存。信条的建立及能否成功执行，最终要回到员工和服务这两个关键要素上。或者说，信条本身是企业对员工和顾客做出的双重承诺。

企业的服务理念要深入每一个员工的内心，只有先感动员工的服务信条才有可能经过二次传播，最终对顾客产生感动行为。

每一个员工都是不同的个体，对信条和服务的理解也会不尽相同。把企业生存的信条内化成属于自己的特殊服务方式，是员工提供优质服务的前提。如果单纯按照信条的要求去做，等于回到了原始的工作手册的服务模式。而员工的个人行为和企业信条之间存在较大出入时，就会对企业、员工和顾客的三者关系产生非常大的负面影响。

一家企业若要立足，在服务所有顾客之前先要保证员工的服务能力得到统一。如果不能使其统一，多是出于以下四个方面的问题：

1. 企业信条的意义没有在员工中得到充分理解，员工容易把原本属于感性范畴的服务变成理性的教条主义。一旦服务过程中出现突发状况，教条式的服务就会土崩瓦解。把企业信条内化成自己的服务模式，与具体的工作实践是脱离不开的。在这个过程中，新员工更要多加注意，尽量把服务内容限定在自我可操控的范围内。

2. 员工无法内化企业信条。信条并不是口号而已，一个不适合自身企业文化的信条只能用来装饰门面，却会让企业员工失去为之奋斗的意义，错误的信条甚至会导致企业走上南辕北辙的道路。

3. 当企业内部的信条和准则不能上行下效时，此时的服务就会演变成个体的自我理解，企业高层就要考虑内部管理和推广机制是否存在问题。

做好服务的前提是知道什么是好服务。在自己工作的环境中可以享受到好服务的氛围，是提升员工服务水准的前提，也是推动企业发展的关键。服务是企业的生存信条，因为只有和企业有关系的每一个员工都能体会到服务和被服务的双重性，由此产生的印象才会让员工内化成自己的服务行为。每个员工结合本企业的服务信条为顾客提供服务，实际上是在为顾客创造更多感动瞬间，也会为企业创造出更有潜力的发展空间。

好服务基于自信

IBM的创始人小托马斯·沃森曾经说过一句话："对于任何一个公司而言，若要生存并获得成功的自豪感，必须有一套健全的原则，可供全体员工遵循，但最重要的是，大家要对此原则充满自信。"在销售和服务行业中，企业文化的标准是每个员工都应该遵守的企业法则。只有在此基础上，员工才有可能充分发挥出自身主动性。只有坚持企业的中心操守，对其充满信心，才有可能为自身的优秀历程奠定基石。

如果想成为一个优秀的服务者，并为顾客提供更优质的服务，这些都应是建立在相信的基础上的。相信企业的信念，相信自身的工作能力，还要相信顾客所做出的决定。当企业、员工和顾客三方达成一致，才是促进三者之间满意消费的前提。

许多服务者初次上岗时，都希望通过多种机会来表现自己。他们一方面希望企业高层可以看到自己的优秀表现，另一方面又渴望用销售业绩来证明自己的能力。但往往都容易犯下相同的错误。他们总是过于专注自己的工作内容，结果却总是会和公司文化、价值理念甚至员工守则所涉及的规定相悖离。由此所造成的结果是，尽管他们工作很努力，却始终与公司的风格不相融，当然也就无法成为老板眼中的优秀员工。

在所有服务要素当中，关键是服务者对自己的信心。古希腊大哲学家苏格拉底临终前曾留下一句名言：最优秀的人其实就是你自己。尽管很多人都会更加倾向于认同自身的工作和服务方式，但却少有人敢于承认自己已经做得足够优秀。为什么？答案很简单，要么是你的服务确实存在尚待完善的地方，要么是你尚且无法正确认知到自己的工作能力。后一点同样也证明了工作能力的不足。

优秀的服务方式有很多方面的定义，但若是想满足所有的定义，这样完美的服务在现实中是根本不存在的。真正的优秀是可以在某个范围内做到极致，同时又不会在其他方面出现明显的失误。能够成就一技之长，便足以傲视群雄。

向着优质服务努力，首先要正确认识自己和自己的工作。在为顾客提供服务之前，每一个服务人员都要明白自己的职责是什么。纵然每一个服务者都应该照顾到顾客的方方面面，但好服务通常是限定在自身职权范围内的，越权的服务往往只会把结果带到相反的方向。

尝试着把最终的服务目标拆散成零散的小目标，从最小的细节开始一步步地去做好本职工作。在实现大目标的过程中多设置一些节点，经常用完美完成的"中间成就值"来鼓励自己，这对增加工作的信心大有益处。

需要提前预防服务的本质和顾客的需求紧密相连，本末倒置的目标设定无益于理想的实现，反而会使服务者本人背负上心理包袱，最终错失工作中最令人愉快的要素。快乐是每个人之所以愿意全力去工作的重要原因。

即便服务的过程中出现了差错，在及时道歉并想办法弥补的同时，还要想办法让自己尽快从工作的逆境中走出，以全新姿态去面对即将到来的顾客和服务。服务不是只针对某位顾客，更要针对工作本身和服务者自己。学会借用愉快的事情来调整自己的情绪，始终以乐观的态度去面对工作和服务，每一个顾客也会被这样的好情绪感染。服务好不好，除了产品质量和服务方式的影响外，能否让顾客始终保持良好的购物心态，也是优秀服务的重要表现。

所以，好服务是建立在自信的基础上的。正因为此，服务者对自己的信心一旦建立起来，便等于为顾客的信任提供了足够的依据。只有服务者和顾客双方在理念上达成一致，才能最终实现消费和服务的完美搭配。

>> 链接

如何战胜沟通恐惧？

服务是依赖于沟通交流而存在的语言艺术。业务不熟练、经验不够丰富的服务者在面对顾客的询问时往往会陷入词穷的尴尬境地。既然沟通是一项艺术，那么必定存在熟练掌握这项艺术的最佳方法。尤其对于服务新人来说，如何战胜对沟通的恐惧显得至关重要。

富兰克林·罗斯福有一句非常有哲理的话："我们唯一要害怕的，就是害怕本身。"他的妻子埃莉诺更提出了解决这一问题的方法。埃莉诺曾提倡人们每天都去做一件让自己感到害怕的事情，只有把令人感到恐惧的事情变成生活的常态，才不会对其产生害怕。工作的积极意义在于，它让人们不得不去面对自己内心深处所惧怕的事情。要么生，要么是在失败中重生。

要战胜对沟通的恐惧，根本原则也在于此。在具体操作方法上，可做以下参考：

1. 尝试进行公开演说。

美国著名单人脱口秀喜剧演员杰瑞·宋飞曾经说："绝大多数研究表明，人们第一恐惧的是公开演说，第二恐惧才是死亡。"在提供服务的时候，凡是不愿意主动向顾客询问需求的服务者，或多或少都存在着沟通恐惧症。

对于沟通的恐惧，首先源于不自信，不确定自己能否完整表达内心的想法。

想要克服这方面的恐惧，最有效的办法是提前练习发言，最好是在模拟场景中进行相关的排练。如果条件不具备，可以在心中想象出多种可能发生的情况，并一人分饰多角，假定在不同的场景中应该做出的回答。

2. 如果经验尚不成熟，在接待顾客的时候，尽量选择一对一的方式，避免一人接待多人，否则会因为应接不暇而造成服务不到位的情况。

对沟通的恐惧，很大原因是自己在某方面的业务不熟练，害怕被顾客问到时而出现窘态。作为一名服务者，在不断熟悉自身业务的同时，尽量去选择一对一的顾客接待方式。在这种接待方式下，服务者可以有更多的机会去观察顾客，并且有更多的可能性把沟通的话题控制在自己的能力范围内。即便遇到自己无法解决的问题，在面对只有一个顾客的情况时，也更容易通过彼此协商的办法找到更合适的解决之道。相反，如果是面对多名顾客，服务新人经常会被顾客的言论"绑架"，最后会完全丧失服务的原则和立场。

3. 面对面沟通结束后，如果羞于电话拜访，可以转换成短信、邮件等文字性的交流方式。

纯文字的表达，可以使服务者有更多的时间去遣词造句，在增加逻辑缜密性的同时，更会避免面对面的直接交流而让人觉得放松。

尽管如此，这种纯文字的交流还是存在很大局限性的。文字有可能出现表达不到位的情况，因此很可能引起对方的误解。同时，文字无法承载每个人在面对彼此时的感情变化，所以服务者无法直接捕捉到顾客的情感需求。这一点直接决定着服务是否可以更快、更好地抵达顾客的心。

因此，当数次的文字交流无法达到有效目的时，服务者一定要主动提出当面交流的邀请。在正式会面前，服务者可以带上提前做好的草稿，并且还要提前给顾客发送一次想要交谈的内容。通过之前的文字交流打下的基础，会让接下来的面谈更加轻松且可以直奔主题。

最后，同时也是最为关键的一点，不论服务者是新手还是成熟服务者，只要面对顾客，一定要事先在心中计划好交谈的内容和逻辑，对顾客的身份特质、消费需求以及其他方面的兴趣爱好做足功课，还不能忽略掉对自己的优缺点和产品的功能、特色卖点等内容的梳理工作。只有真正做到知己知彼，才能把对未知的恐惧降到最低点。

尽管前期的准备已经面面俱到，但真正与顾客交流时却不是这么死板的。在自己可掌控范围内适当地发挥一些主观能动性，有计划地在交谈中冒一点小风险，可以让你在面对其他突发或未知状况时变得更加老练。当有朝一日不再需要按照计划去交谈时，才是真正做到了无招胜有招的大境界。

抓住消费天性

服务离不开两个方面，其一是了解人的天性，其二是了解产品的天性。

了解人的天性，更准确地说是了解每位顾客的天性，这是做好服务的基础。产品的天性即产品的功能和实用价值，本质上还是要为人的天性服务的。人的天性主要包括人的性格、喜好以及所具备的道德品质，它决定着日常生活中的方方面面，更可以为服务的取舍释放出导向信号。

人的天性之一：好奇。

人们对于未知的事物总是存在着好奇心。在好奇心的驱使下，越有特点的服务也就越能吸引顾客的眼球。曾有经济学家论述，21世纪是属于"注意力经济"的时代。面对信息爆炸和产品同质化的市场现状，只有能够吸引更多人的注意，才可以为成功打开一道大门。

为了引起人们的好奇心，服务不但要把自身的内在做充盈，更要在表现形式上做出一些花样。如开门见山地把服务的内容以广告的形式表现出来，使顾客在没有花钱消费之前就已经对服务的项目有所了解，然后再根据自己的实际喜好做出是否要购买服务的决定。当把决定权交到顾客手中后，等于部分剥夺了其产生差评的机会。通常没有人会对自身的选择做出否定。

与此相反，对服务内容或新产品秘而不宣，同样是引起顾客好奇心的绝佳手段。要想达到营销的目的，往往需要把最重磅的要素放在最后宣布，把最令人期待的要素秘而不宣，由此可以引起人们更多的好奇。

此时需要注意两个点：

一是要确保最后宣布的内容足够重磅。如果在意料之内，反倒会让人们产生心理落差，由此也就失去了制造"饥饿感"的意义。

二是在宣布最神秘的内容之前，要适当地放出一些"边角料"。这就像是童话故事中的面包屑一样，在不断给顾客以期待的同时，还能够加强顾客的好奇心理。如果只是一味地吊人胃口，最终很可能玩火自焚。每个人的好奇心都是希望被满足的，恰当的"边角料"正是欲拒还迎的最好手段。

由此也就引出了人类的第二个天性——贪念。几乎所有的人都具备"贪"的特性，只不过每个人产生贪欲的对象不太一致。如在销售的时候，若是能够提供买一送一的服务，必定会聚起更多顾客。想要利用人性中的贪念做推广，最基本的一点就是让服务的功能多于顾客自身的期待，使其觉得物有所值。这同时也是产生好口碑的关键。如免费赠送、特定会员日和产品打折等常见的服务销售模式，同时还可以推出套餐服务，以相对低廉的价格把多种服务打包销售。还可以在更细微的方面多下心思，如宾馆的洗漱用品每次都提供不同的颜色和味道。在这些小细节上的额外关心，会让顾客很容易对服务产生意外惊喜。

通常来说，只要深谙人性中的"好奇"和"贪欲"这两个天性，便足以把服务做到人心深处。但正因为人类还有一个"攀比"的天性存在，所以更牵引着商家所能提供的服务一直在不断改进。如果能够利用好人性中攀比的特点，就可以凭借好服务而把销售业绩更推上一层楼。

攀比，是营销中常用的宣传技巧。在提供服务的时候，商家经常会为顾客展现出几种不同的服务档次，然后利用每个人都存在的攀比心理，促使顾客购买中高档的产品，借此来达到营利的目的。这其中包含很深的营销哲学。

要想成功地为顾客的攀比心理服务，需要"看人下菜碟"。为顾客选择更适合的消费档次，这是商家的经营底线，不能只顾营利而一味催促顾客选择高档的消费方式。一旦因此而失去了顾客的信任，商家从此也就失去了生存的根本。不失公正性的攀比，才是好的服务手段。

在设置不同的消费档次时，每个档次之间既要有价格和服务内容上的区分，又要避免产生价格和内容上的名不副实。真正的攀比，不是一味追逐着高质高价的选择，而是使顾客在自身的承受范围内选择更好的服务方式，帮助其实现消费时的自豪感。

利用好人的天性，可以让服务轻松地抓住顾客的心。人的天性不只是和服务与营销有关，它包含我们日常生活中的方方面面。想要做到好服务，原则就是：努力去吸引顾客的注意。这是活动的良好开始，也是所有商业活动实现营利的中心思想。

引导服务

服务好不好，在于能不能让顾客满意。想要获得顾客的好评，就要以顾客为中心进行引导服务。所谓引导服务，是指让顾客做主角，引导服务者或企业设定的服务形式，企业再根据顾客的实际消费需求修正服务的内容和形式。在引导服务理念中，顾客占据主动地位。服务工作的核心将是及时收集顾客的被服务喜好并将之应用到具体的服务实践中，以满足复杂多变的顾客需求。

引导服务并不是完全依赖于顾客群体的指引。任何一家企业在以顾客需求为服务引导时，依然需要先根据企业自身的经营状况，对顾客的引导酌情考虑。并不是说只要顾客提出要求就要无条件满足。

引导服务要求企业首先确定自身的顾客群体属性，确定服务对象的年龄、工作、家庭和身体状况及日常消费喜好、消费习惯。服务者从这些大数据中可以提炼出顾客群体的概况，为服务提供相对准确的方向。

如果在这个过程中发现顾客的消费属性和企业自身的经营范围、服务理念具有较大冲突时，商家千万不能盲目地根据顾客的需求去改变经营模式，而应该首先去确定消费人群的范围是否准确，把服务提供给对的人是彼此产生好感的前提。

尤其是在产能过剩的时代，商家必须找到适合自身生存的新的服务理念。不论是紧跟时代步伐，还是保持怀旧情绪去创造特殊情调，任何服务都要在明确顾客群体的前提条件下产生，进而提供特色化的服务。企业推出新产品的首要目的就是激发顾客的消费需求。

尽管企业推出的新产品一般是基于足够的市场调研而得出来的结果，但顾客对新产品和新服务的了解尚处于零的阶段。顾客和服务之间最大的障碍是信息不对等。每一位服务者都要肩负起两个责任，一是重新引导顾客的消费理念，二是主动为顾客创造出对服务的需求。这两个责任又归于同一个目标，即让更多顾客了解企业新推出的产品与服务，刺激新的消费方式。顾客并不明确以什么样的方式来满足自我需求，这正是让企业主动发挥的空间。

每当有新产品上市时，主动引导顾客的服务方式往往最有效。此时，引导服务的重点在于向顾客传播产品的新功能，让顾客更快地接受新产品。

在成功获取一定的消费群体后，如何把顾客发展成为忠实群体是企业需要考虑的长远计划。此时的服务要针对自己与同质化产品和服务的异同，使顾客可以明确区分出服务的品牌，通过亲身体验及口碑传播汇聚更多的消费群体。如果某一品类的服务无法直抵顾客的心灵深处，那么其市场地位很快就会被其他品牌代替。引导顾客保持持续性关注，是服务的终极命题。

　　企业要在市场上生存，除了服务要比竞争对手做得更好之外，更关键的是要超越自己，不断推陈出新，每隔一段时间就要给顾客带来一定的服务新鲜感，不但保持服务自身的受关注度，更要在收集足够顾客数据的前提下做出相应的策略调整。只有跟随顾客的消费喜好，及时进行恰当调整，才能保证企业的销售、服务与顾客的实际需求保持同步。

　　不论是以消费需求来引导服务，还是以新产品、新服务创造更多的消费需求，其共同的目标都是保持企业的市场活力，确保在顾客心目中保持高曝光度和高信任度，为企业的长远发展打下牢固的基础。

第八章

成功
在服务之外

攫取顾客之心的方法

能够成为顾客心中喜欢的员工，即便是脱离了现有的行业，也大都可以在其他行业找到合适的工作。员工为顾客提供服务的能力，不取决于员工所参与的工作性质，而在于抱着怎样的心态来面对顾客。在任何一个行业都要成为被顾客选择的对象，这需要服务者在工作中有明确的工作信条，即明白自己所提供的服务是什么，以及自己在工作中将会成为一个怎样的员工。

当今，每一个消费对象的外在质量并不存在非常明显的差异。A酒店所拥有的标准套间B酒店也有，C餐厅提供的买一送一的促销方式其实是参考了D饭店的促销活动。既然产品不断趋于同质化，为什么在最后销量上仍存在非常大的差距呢？很大的原因就出在服务人员身上。顾客选择是去还是留，服务人员提供的服务有很大的参考性。

对于服务者来说，想要把现有的工作做到更好，首先要认真考虑的问题是：如何做才能成为一个被顾客主动选择的人。这个问题的答案并不复杂，抓住顾客的消费心理，在工作中扬长避短，从最细微之处一点点开始累积好口碑。创造良好服务的第一条原则是，告诉自己想要达到什么样的目标。

在实现目标的过程中，总会遇到各种各样不顺心的事情。开始一项新事业之时，要时刻告诉自己，与其找不能完成任务的理由，不如把更多精力聚焦在如何更好地完成任务上。不给自己寻找失败的理由，这是直抵顾客内心的第二项原则。正是因为不依赖于各种失败的理由，所以在遇到问题的时候才会有担当。顾客不会希望看到一个逃避责任的服务人员出现。

不逃避和有选择地规避风险是不同的。遇到困阻，在慎重思考之后，选择一条更合适的路，这需要睿智的选择。作为服务人员，想办法不让问题发生，这是非常合乎情理的事情。但遇到问题之后，首先应该考虑的是如何顺利解决问题，然后再去思考下次该如何规避风险。若本末倒置，便会造成服务上的畏首畏尾，甚至会为了规避风险而放弃巨大利润。任何风险，带来的也将是巨大的机遇。不敢冒险，也就无法抓住成功的机遇。

也正基于此，服务者尽量不要去对顾客提出的要求说"不"。当面对不同的顾客时，一个优秀的、熟练的服务人员应该有能力在复杂的工作和人际关系中做到游刃有余，而不是照本宣科般套搬规则和要求。服务者要站在顾客的立场上去考虑问题，要改变以自我为中心和以经济利润为中心的思维方式。

在丽思·卡尔顿酒店，如果有顾客打电话来订房，当房间已满时，前台服务人员绝对不会和顾客说"不"。通常情况下，他会询问顾客是否愿意让他帮忙询问附近酒店的入住情况和费用。这样一来，即便订房不成功，顾客也会觉得自己享受到了该酒店的优质服务。

一个成熟的服务人员，也从来不会强调自我主张的正确性，更不会试图去说服顾客屈服己见，而是会先试着接受对方的意见，再经过多方面的分析考虑，然后尝试着提出一个令双方都能够接受的解决方案。如何有效地说出自己的意见，同时也不会使对方产生反感，这是优秀服务者的必备课。为此，掌握适当的社交礼仪就显得异常重要。

礼貌的寒暄、合适的着装、正确使用敬语和谢词等，都可以使你在提出与顾客相左的观点和解决意见时，显得更具有客观性，并且也更容易让人接受。每一个服务人员都是企业的一线代表，需要从为别人打工的意识中跳脱出来，以主人的意识为顾客提供服务，并且敢于对顾客承诺并承担相应的责任。服务不是按部就班地去完成他人交给的工作任务，而是需要在此基础上充分发挥独创精神，领悟到自己工作中的乐趣所在。

优秀的服务是在不断地失败中锤炼出来的。关键在于，永远都不要在失败中迷失了自己。为自己树立起服务的信条，以如何才能更好地抓住顾客的喜好为导向，在保证顾客满意度的同时，尽量避免犯同类的错误，并且始终以高标准来要求自己的工作。做到这几点后，顾客对其服务的印象必然会更深刻。而想要攫取顾客之心的服务，一定源于自己真心的付出。

从一流行业洞察一流工作法

想成为一流的服务人员，就要学习一流行业的工作法。用最顶尖的思维模式和工作方式来武装自身，这是取得进步的最快方式。纵观那些优秀的人才，其在取得成功的路上通常会做到以下几点：

第一，不论做什么工作，都要照顾顾客的情绪和思考方式，甚至能够预见顾客的心理要求。做到知己知彼才能更好地忖度出服务的方向和力度。

要做到这一点，首先要学着改变自己，改变现有的思维方式。从当下的改变开始做起，在学习和改变的过程中，要着重注意意识、行为、习惯和性格四个层次的递进。没有人可以因为一次性的改变就达到更高的标准，重点在于努力并持续地去改进。

要着力去转变现有的思维模式，利用服务的过程发现自身存在的问题。只有能够发现问题，才可能为解决问题提供可能。可以试着亲身体验一下竞争对手和学习对象提供的服务，与自身的服务模式做对比，由此便能发现更多可改进之处。

改变思维后，随之改变的便是行为。俗话说，失败是成功之母，每一个成功者都是不断从经验中吸取训诫的人，成功之始来源于对现状的改变。

其二，不论历经多大的困难，想做到一流员工和一流服务，请把自己的工作和服务理念坚持三年。即便是感觉无聊的工作，也要坚持做三年，三年后根据结果评判自己的付出值不值，再判断自己在这个过程中的所得所失。

人们在奋斗中获得的经验是无法计量的，世上再伟大的工作也难免充满重复。真正的伟大不在于做了什么，而在于能够一直坚持做什么。对服务的坚持过程要求每一个员工都要在既有工作中摸索出更好的套路和工作模式，去挑战更高的工作目标。

其三，用感性面对工作，用理性迫使自己工作。每个顾客都希望看到服务人员的笑脸相迎，都希望自己能够成为服务者的超级VIP。工作中需要投入热情，更需要理性的分析和行动。感性和理性兼顾，服务者为顾客提供的就是既贴心又有条理性和可行性的服务和解决方案。

不论多么大的企业，都难免会遭到顾客的不满和投诉。一流企业中永远都不会有人因顾客的投诉而产生抱怨情绪，因为顾客的投诉对他们来说是难得的财富。对于那些需要花费大量金钱去做调研才能得出来的结论，通常投诉的顾客会主动把问题提出来。在处理问题的过程中，越是用感性的态度去面对顾客，就越能够从中获得更多有关商品和服务的意见和建议。

顾客需要的结果无非是让问题得到更好的解决，同时能让自己受到服务的优待，这也是感性和理性的双重结合。顾客需要什么，服务就应该给他们什么。

其四，不论何时，服务者都要以更积极的态度面对工作，这是创造优秀服务力的先决条件。

服务需要群策群力地营造一种环境感，而非靠某一个人力挽狂澜。能认识到这一点的企业是所有员工的幸运，更是前来消费的顾客们的幸福。

服务需要八颗"心"

在商业竞争越来越不完全靠商品质量取胜的当下，商家大多已经把争夺顾客的主战场放到服务上，商家之间竞争的也是谁家的服务更加人性化。

所有企业都强调服务精神，但服务精神究竟是什么？服务需要做到什么程度，才能为商家树立起好口碑呢？答案很简单，那就是"心"。

练就一颗服务之"心"，需要服务者从八个方面努力：

第一，要具备感恩心。不论顾客是否接受并满意自己的服务，所有的服务人员都应该对顾客抱有感恩之心。感恩不只是对顾客表示感谢，更代表关爱和降低的姿态，后两者也是优秀服务人员具备的明显品质。

第二，每时每刻都要有诚实心。诚实是一个人被他人敬重的基本品质，服务人员对顾客的诚实也许会伴随着营利空间的减少，但同时会更容易为自己赢得好口碑，而好口碑是使得经营似水长流的宝贵秘诀。

第三，服务人员都要有善解心，懂得为顾客的利害关系做考虑。优秀的服务人员会经常提醒自己，在工作中要注意顾客之间的个体差异，才能有方向、有目标地做到让每一位顾客都在愉快的心情下购物消费。善解人意往往是相互的，当你善解了顾客的难处，顾客也会对你的工作难处更加谅解。

第四，要想把工作做得更好，需要时刻以谦卑心去面对工作中的每个人、每件事。保持一颗谦卑心，会让我们更容易发现服务中的不到之处，进步的空间也更大。

第五，服务还需要对每一个顾客抱有爱心。虽然有时顾客并不一定会接受这样的爱心，但你若没有付出便一定换不来顾客的真诚相待。经营不是一次性宰客的买卖，留住老顾客的意义在于他们是有效的口碑传播者。要真心为每一位顾客挑选更适合的商品，而不是价格最贵的。好口碑比好广告更令潜在顾客着迷。

第六，即便遇到不太讲理的顾客，服务人员也要保持一颗宽容心。试着以宽容心倾听顾客的抱怨，永远不要用一个冷冰冰的"不"字把顾客拒之千里之外。你同时拒绝的可能是抱怨情绪之外的庞大关系网，以及靠自己的眼睛发现不了的产品缺陷。

当做到以上六"心"后，你所提供的服务应该就可以胜任"责任"一词了。不论管理、销售还是服务，所有企业的关键词里永远都有"顾客"二字。当面对顾客的时候，服务人员心中的首位概念应该是自我的"责任心"，做好自己的本职工作是对所有员工最基本的要求。

最后一"心"，是对所有的服务人员提出的"奉献心"。从事任何行业都要具备奉献的精神。在尽百分百的努力为顾客服务的同时，不要刻意希求得到什么样的回报。奉献，不是紧追着顾客主动提供服务，而是可以根据自我的经验预判出顾客需要什么样的服务，先去分辨顾客究竟需要帮助还是需要自我思考，再投其所好地来做服务。

服务如果能做到八颗"心"，或许并不一定会使每个服务人员把手上的工作推向极致，却可以引导每一种不同的服务都走向更让顾客满意的方向。服务不只需要技术上和交际上的能力，更需要服务人员真心相待。

服务不应被局限在消费的狭窄概念中，当把服务放到人生的宽度上理解，如何让周边的人生活得更好才能真正体现服务的"心"概念。

打造自我服务品牌

在谈论服务的效果及其为企业带来的利润空间之前，每个服务人员都应该认真计算一下，自己的人格魅力和认真工作到底能够吸引多少新老顾客来本店消费。更直接的说法是，服务者需要明白自己的粉丝群体到底有多少。一个服务者及其所提供的服务的存在价值最终体现在他的自我品牌上，企业和服务者都应致力于打造自我的服务品牌。

卖点是商品的存在价值，每个服务人员都应有自己的卖点或者专长点，以提高自己的存在价值，这不是靠学一些专业技能就能轻松实现的。专长可以是你对细节无微不至的关注，也可以是你的广泛人脉，借助于专长的力量，服务者可以更好地推行具有自我特色的服务形式。

每个服务者都要不断地提升自我，不仅包括自我专长的方面，还包括目前无法掌控的服务项目和技能。让服务不断成长为一种独特的存在，你只有做到别人做不到的服务，顾客才会记住你，并在下次消费时想起这位服务人员。

提高企业的销售额，还要扩大回头客的数量。使顾客成为品牌的忠实消费群体，企业的经营就会因此而趋于稳定。这最终依赖服务者自身的能量。销售人员的人格魅力在很大程度上决定着顾客的喜好。

服务者要时刻保持一种巅峰状态。当好的服务机会来临时，服务人员要有随时抓住机会的准备和能力。在工作中保持适当的创造性，带着更加明确的目标和使命感去为顾客服务，可以让服务者更容易体会工作中的使命感和乐趣。服务者要在工作中让自己的理念得到实践和认同，否则工作会沦为按部就班的赚钱方式。

在服务者打造自我品牌并向顾客传递服务魅力时，要注意转变思维和立场，抓住顾客的消费心理状态。通常来说，从工作、人际关系和家庭三个方面出发，可以很轻松地拉近与顾客的心理距离。服务者只要站在顾客的角度去考虑问题，就会更容易发现自己工作的不足和失误。

女性顾客们会更注意服务的细节，如就餐要求每一个餐盘都必须光洁如新，有些女士甚至在发现餐厅厕所没冲洗干净后便拒绝再一次光临这里。在服务中应多考虑女性顾客的口味，力争得到女顾客的认可。女性因为自身在工作和生活中担任的特殊角色，会更乐于去和周边的人们分享自己的消费经验。可以说，好口碑和坏口碑大多是由女性顾客传播出去的。在某些由男性主导的商业领域中也需要重视女性顾客的地位，这样会给顾客留下一种公平服务的心理印象。

服务工作需要五个"满意度"

服务者要使自己的工作得到更大发展，只有把五个方面的满意度都做到位，才能得到进一步提升的机会。这五个方面分别是顾客满意度、员工满意度、地区满意度、供货方满意度和老板满意度。把五个方面都做好的服务工作才可以称为优质服务。

第一，顾客满意度，是指商家所提供的服务始终以获得顾客的满意为最高标准。顾客至上是所有企业的经营信条，服务者要始终把顾客需求放在第一位考虑，无时无刻不在思考顾客的所需所想。好服务的要求就是，永远要考虑顾客是否需要进一步的服务项目。

第二，员工满意度。员工是企业的基本组成，不能把员工的需求和利益放在考虑范围内的企业最终将无法留下忠诚和信任的员工。员工的工作是为顾客服务，企业的运行要保证每一名员工可以全心全意地去为顾客服务，所以也可以说企业是在为员工提供服务。经营者要提升面向顾客的服务质量，必须先服务好自己的员工，应及时询问他们对现有的工作内容、工作环境和工作报酬是否满意，应以更有效的管理方法和激励机制去激发员工的工作和服务积极性，由此才能为顾客满意度打下基础。

第三，地区满意度把整个企业的影响范围从单个顾客的个人元素扩展到了整个地区，可以测量企业能够为当地的民众和经济发展、公益事业做出多大的贡献。通常来说，当一个企业的营利状况非常好，其就可以为当地的经济发展提供更多的推动力。与此同时，那些乐于去做公益事业的企业会更容易得到当地顾客的认可。人们关注的往往不只是企业的品牌有多大，而是身边的企业能够给自己的生活带来多少便利。这就涉及企业经营者的公德心，为更多民众服务的公益之举离不开服务的概念。

第四，企业提供的优质服务同样还要上溯给供货方。永远都不要认为自己是掌握资金的购买方就可以一家独大，售卖方企业和供货方的利益是息息相关的。只有和供货方构筑起良好的合作关系，供货方才能以更低的价格为企业提供商品，以及提供更机密的行业信息，这些都是关乎企业发展战略的命脉所在。懂得经营的企业必定会以更好的服务反哺供货方，以求实现合作双方利益上的双赢。

第五，任何企业的经营者都是以营利为目的的，这也是企业设置名目繁多的服务种类的根本目的。企业老板对服务的效果负有直接责任，而股东因为有资金投入，更要承担起运营的风险，这份责任和风险的压力最终要施加到服务人员与顾客的关系上。能让老板或者股东满意的服务必定可以满足以上四个要素的满意。

只有完全实现以上五项满意度，企业才有长远发展的底气。但任何企业都不是靠着某一个人生存的，企业中的每一个员工都应该在工作中秉持"为五个满意度而服务"的工作原则。

　　与此同时，每个员工还应该把眼光从本企业、本行业中跳脱出来，从其他企业甚至是其他行业中学习，使自己的工作方法产生新的发展和突破。虽然服务的理念在所有行业中都是一致的，但其他行业的思维方法有时会与自己完全不同。要做一流的企业，就不能忘记向其他行业学习，否则只能陷入故步自封，最终被挑剔的顾客和无情的市场所淘汰。

　　工作不只是一项谋生的手段，服务提供者只有把工作变成一件令人心情愉悦的事情，才能永不脱离服务理念的根本。因为一切服务的产生，都是源于心底最初的"爱"。

做好"250年的服务"计划书

做不可或缺的服务者

物以稀为贵，人以杰为尊。不论是在何种工作领域中，这句话都是公平的法则。工作能力更优秀的人往往会比其他人更容易接触到优越的资源和人脉，这也是造成优秀者越来越优秀的原因之一。在服务行业也不例外，一个优秀的服务者因为已然名声在外，所以总是更容易受到顾客的青睐。优秀的人总是会被放在更重要的位置上，这也促成他们有更多的机会与更优秀的人接触，双方通过借力的方式，促进事业和人生的双巅峰。

对于一名普通的员工来说，在成为优秀服务者之前，先要让自己成为不可或缺的那名服务者。凡不可或缺的人，一定是某个岗位上的佼佼者，其要么是工作能力超过一般员工，要么在品德行事方面深受顾客的爱戴。不论在什么岗位，也不论职位的高低，能够做到不可或缺，在于员工是否有足够的努力与专注力去认真对待自己的工作，是否认真对待每一位顾客。

在世上任何行业中，不可或缺的人们通常只做两件事：一是不断地进行创新，试图用自己的智慧去开创全新的未来；一是不断地重复同一件事，每一次的重复会尽量减少上次的失误，力图为顾客呈现更完美的结果。前一种人更倾向于成为决策层的精英，后一种人在执行能力上会越来越优秀。成功的企业一定离不开这两种人的默契配合。

在服务行业，凡是被顾客需求的服务人员一定是可以在最短的时间内帮助顾客完美解决难题的人。这要求服务者有更多的创新精神，可以在固有的规则体系内实现企业和顾客利益间的平衡。

尽管服务者每天面对的都是新顾客，但每个顾客提出的却可能是相同的老问题。优秀的服务者不会因为顾客重复提问而懒于作答。相反，他们会把顾客的提问当作对自我工作的督促并认真对待。只要方法正确，剩下的便是执行问题。

企业中一般存在三种不同类型的员工，一种是不可或缺的杰出型员工，一种是各方面都合格的普通型员工，一种是处于末位淘汰的落后型员工。爱因斯坦曾经说过："一个人的价值应该看他贡献什么，而不应当看他取得什么。"能否成为不可或缺的服务者，要以服务所能带来的效能作为评判标准，又与服务者个人的品德有密不可分的关系。

其中最重要的品德就是忠诚。既然服务者面对的是企业和顾客两方面的利益，其忠诚也应归于两个看似相反的方向。作为企业的员工，服务者本应该随时随地都以维护企业的利益为最高工作原则，而服务人员的工作性质又要求其必须以顾客的需求为核心内容。看似矛盾的双方在服务者身上实现了统一，这说明了服务人员工作岗位的重要性，也强调了身处其位时要兼顾企业和顾客的双方利益。服务人员既要懂得站在顾客的角度去考虑其实际难处，同时还要试着站在老板的角度审视服务工作中的不足以及服务所产生的经济利润空间。

服务真正的重点在于不断提供着服务的这些人，而非服务本身。试问一项服务可以持续多久？从几个月到几年，再到几十年，在不同的时间段中，企业的服务内容可能会随着时代的变迁不断产生变化。而服务是不局限于个人的，具有长远目光的企业一定会把服务的概念铺设到更远的时代。虽然服务会历经几代人的更迭，但服务理念的主旨和核心却可以历久不变。

在1933年松下电器公司创业纪念日的讲话中，松下幸之助讲述了实现自己经营理念的设想，也就是著名的"250年计划"。当时，松下幸之助说："从今天起往后算250年，作为达成使命的时间。把250年分成10个阶段，把第一个25年分成三期，第一期的10年当作建设时代，第二期的10年当作活动时代，第三期的5年当作是贡献时代。以上三期即第一阶段的25年，就是所在的各位所要活动的时间。第二阶段以后，由我们的下一代用同样的方法重复实践。第三阶段，也同样由我们的下下一代用同样的方法重复实践。依此类推，直到第10个阶段。"

松下幸之助这段著名的讲话中透露出一个关键的服务力要素，那就是在未来250年的漫长时间中，松下企业为顾客提供好服务的理念将会一直延续。尽管面对不同的顾客和时代时，服务可能会在形式和内容上产生很大变化，但"去做一个服务者"这样的服务理念是可以穿越时代而存在的。

从初入职场的"菜鸟"成长为优秀的服务人员，中间有很长的路要走。想成为优秀的服务者，想在服务行业中展露自己的雄心抱负，要先让自己成为岗位上不可或缺的人，成为老板和顾客最需要的人，把这一坚持当作终生使命去执行。服务是现实的工作，更应该成为理想人生的奠基。

好服务需要科学的工作方法

科学的工作方法可以使具体工作起到事半功倍的效果，把科学工作法应用到服务中，就是要求每个服务者都带着目的意识和问题意识去工作，不忽略工作中任何一个小细节。

目的意识就是对服务内容、服务对象和服务的最终效果有明确的目标性，知道如何呈现或实现自己的目的。目的意识明确的服务者在工作中可以准确高效地为顾客解决消费上的需求。这是因为在鲜明目的性的指引下，服务者会更加清楚工作中取舍的重要性，安排工作内容的先后次序及逻辑性也会更加清晰。

优秀的服务者在工作开始之前就已经对当天的任务了如指掌，我们强调工作前还要进行一定的思考。不论新老员工，面对一个新顾客时首先映入脑海的应该是对该顾客的整体分析，例如判断其是不是本店的潜在顾客。如果是，可以根据顾客的穿着打扮、言谈举止去判断其大概的消费档位；顾客一般会有哪些方面的需求和禁忌；服务不到位会引起什么样的后果，应该如何处理等。一系列问题在脑海中快速闪过，之后如何应对顾客的服务工作就会变得水到渠成。

因此，科学工作法的重要法则之一就是，时刻保持清晰的思考。服务人员要确保两方面的工作不能停，一个是大脑的，一个是身体的。在顾客已经表达出意向但还未明确提出需求时，合格的服务者应该可以立刻判断出顾客的所想所需，这也是服务人员所应该具备的好眼力。好眼力并不等于好服务，准确判断后更重要的是身体的执行力要跟上大脑，确保在顾客的行动前而行动。正是这样的高预见性和高执行力，才能够促使服务超越一般的工作标准，甚至超越顾客的期待，把标准的服务提升为优秀的服务。

工作开始前，服务者要拟定好服务进行的活动方案及步骤，做出明确的服务计划。好的服务计划可以让服务工作条理分明。

服务中的科学工作法是依照计划、执行、检讨的程序来进行的。检讨是对工作执行阶段的优点和缺失进行检查，使服务者更充分了解自身服务的优劣势，在下一阶段适当修正，以便更有效地达成目标。计划、执行和检讨需要三者融为一体且同时进行，如此才可以在服务中及时发现问题并调整，而不是等到问题发生再去做复杂的售后工作。

在服务工作中要具备问题意识，服务者需要随时随地都有发现问题及快速解决问题的能力。服务工作和其他工作最大的区别在于，服务者面对的顾客和工作环境是充满变动性的，服务者必须保持弹性的工作方式，才能做到始终以顾客为中心。在为不同的顾客提供服务时，可以从以下七个方面入手：①明确的目标、标准；②发现问题点；③要因分析；④确定要解决的问题；⑤拟定对策；⑥执行行动计划；⑦效果确认。

在完成这七个服务步骤后，再把服务方法和服务理念汇总起来，从中提炼出属于自己的标准化服务方式，便是专属于个人的科学服务法。服务需要活学活用，在科学工作方法的指导下，好的服务一定会为顾客与商家创造更加美好的双赢未来。

声明：本书由于出版时没有及时联系上作者，请版权原作者看到此声明后立即与中华工商联合出版社联系，联系电话：010-58302907，我们将及时处理相关事宜。